気がつけば認知症介護の沼にいた。

もしくは推し活ヲトメの極私的物語

畑江ちか子

古書みつけ

プロローグ 認知症になった祖父

「ちかちゃん、好きこそ物の上手なれ、だ」

25年前、私は本と作文が好きな子どもだった。

読書感想文や学校で書いた作文を見せにいくと、おじいちゃんはいつも声に出してそれを読み、最後にこの言葉で締めくくった。

面白かったとか、よくできている、とはあまり言われた覚えがない。けれど、おじいちゃんの言う「好きこそ物の上手なれ」は、いつの間にか私の中で、太く大きな柱になっていった。

戦時中、祖父は大日本帝国陸軍の憲兵だった。

ある夜、市街の見回り当番だった祖父は、都合で別の仕事にあたることになった。

その数時間後、祖父が見回る予定だった地区に空襲があり、代わりに見回っていた憲兵が命を落とした。

「お前が死ねばよかったのにな」

周囲からあまり好かれていなかったのか、祖父は上官から吐き捨てるように、そう言われたらしい。

敗戦後、会社員から倉庫業の自営に転身したが、そこでも多くの辛酸を嘗《な》めた。

しかし、孫への愛情は惜しみなく注ぐおじいちゃんになった。

そんな日々のあと、祖父は80代で本格的な認知症を発症することになる。認定調査員が家に来て、祖父は「要介護3」の認定をもらった。

この要介護認定は、段階が1～5まであり、介護サービスの必要度——どれくらい、介護サービスをおこなう必要があるかを判断するものだ。この段階によって、入居できる介護施設の種類や、介護保険から給付される限度額が変わってくる。

最初は家で面倒を見られる程度であったが、症状は徐々に進行。朝4時に窓を開けて子どもの頃に死に別れた弟の名前を大声で叫ぶ、火のついたタバコを紙にくるんで捨てる、知らない間に散歩に出かけて戻って来られなくなる、など、目の離せない行動が増えていった。

そして、ある日。祖父の面倒を主に見て、このような行動に疲弊しきっていた私の母（祖父の息子の妻）を文鎮で殴ろうとした。きっかけは、ちょっとした口論だったらしい。

このことが原因となり、家族で相談の結果、祖父は住み慣れた我が家を出されることになる。

入居できる施設が見つかったという報せは、割とすぐに来た。そのときの母の様子が忘れられない。母は、電話を切った直後、「ヤッタ――――!!」と、海外ドラマ『HEROES』のヒロ・ナカムラのように叫び、まるで何かに憑かれたように踊り始めたのだ。

夕食を食べていた私と父は、そのフラダンスとも阿波踊りともつかぬ奇っ怪な踊りを、ただポカンと眺めていることしかできなかった。

その後、祖父は「認知症対応型共同生活介護施設」――グループホームで6年間を過ごし、肺がんで息を引き取った。101歳だった。

祖父の居室には、昔家族で撮った集合写真や、好きだった本、清潔な肌着などがあった。全て、私の両親が毎週末面会に行き、差し入れていたものばかりだった。けれど、そこはやはり、当たり前だが我が家とは違う場所だった。

冷たくなった祖父の頬を撫でてみても、いまいち感情が動かなかった。悲しいとか、おじいちゃんの長い長い人生がその日に終わったのだという実感が湧かなかったのだ。

私がそんなふうにボーッと祖父を眺めている間にも、施設の職員さんたちが代わる代わる挨拶をしに来てくれた。出勤前にお花を買ってきてくれたり、祖父が好きだったというみかんをわざわざ持ってきてくれたり、長い時間をかけて手を合わせてくれたりした。

そして、みんな祖父の顔を見て泣いてくれたのだ。

私の感情が動いたのはこのときだった。もらい泣き、とはちょっと違う。「おじいちゃんと最期まで一緒にいてくれてありがとう」「おじいちゃん、みんなおじいちゃんのために泣いているよ」……そんなふうに思ったのだ。

可愛がってもらった孫として情けないが、私は施設の職員さんたちの泣き顔を見て、ようやく泣くことができた。泣きながら「お前が死ねばよかったのにな」と言った祖父のかつての上官のことを考えた。「101歳まで生きちゃいましたよ、この人……」と、叶うことならば、会って言ってやりたい気分になったのだ。

葬儀のあと、私は父と一緒に近所のデパートへ、施設の職員さんたちへのお礼に菓子折りを選びに行った。

しかし……これでいいのだろうか、と思った。

家で面倒を見られなかった6年間、祖父の暴力にも耐え、健康管理に気を配り、日々の様子を私たち家族に伝え続け、最期は泣くほど尽くし続けてきてくれた職員さんたちへのお礼を、こんな一箱数千円の菓子折りで済ませていいものだろうか……。

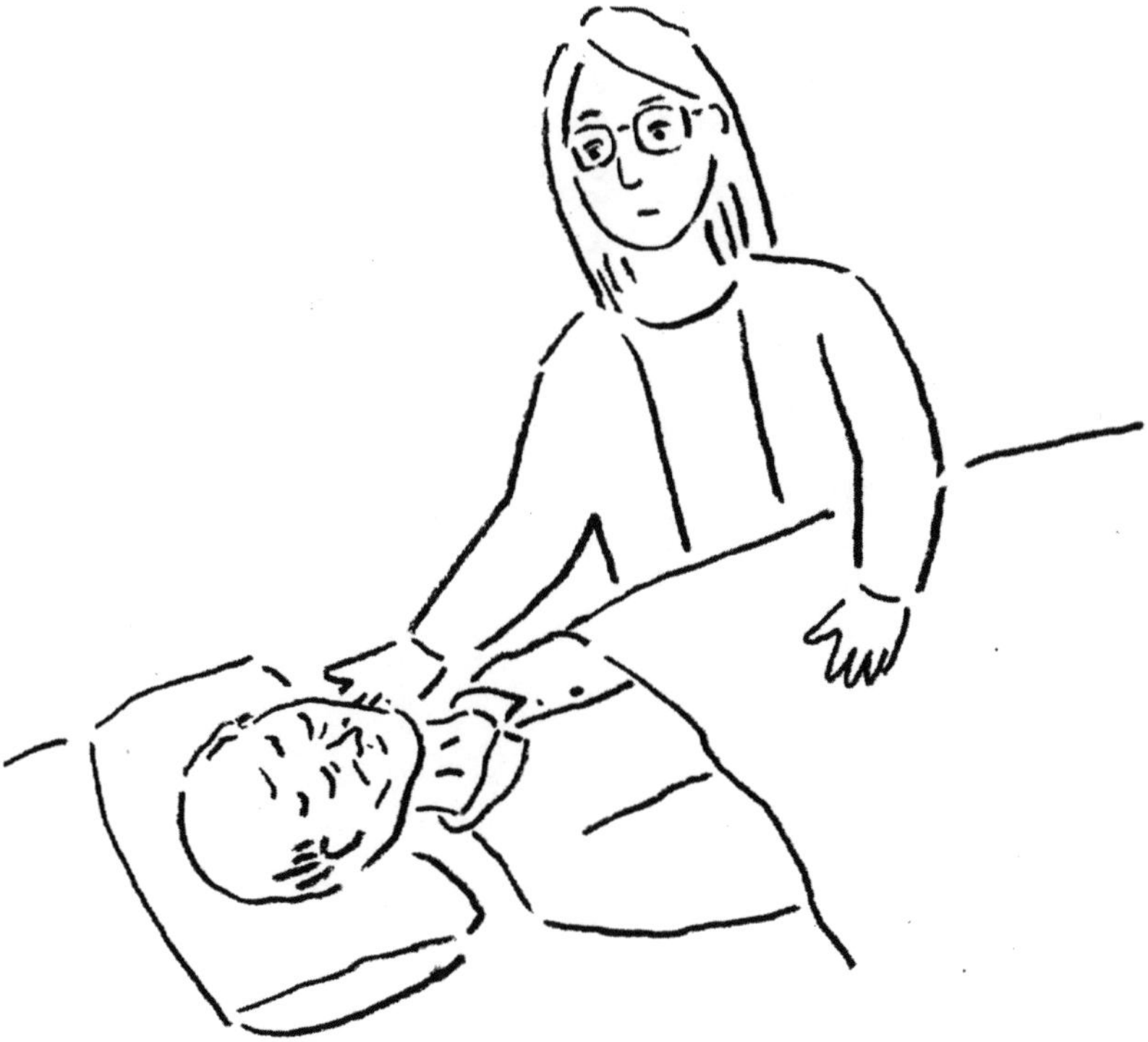

考え続けた私が出した答えは、「自分も介護職員になる」だった。

慢性的な人手不足に悩まされている介護業界。そこへ自分も飛び込み、業界自体を内側から支える。祖父がしてもらったのと同じように、自分も他の利用者や、その家族をサポートしていく立場になる。大きな意味での恩返しは、これしかできないと思った。

けれど、そんな決意は入職して間もなく粉々に打ち砕かれることになる。現実は甘くなかった。

正直に言う。私は後悔した。

前の事務職を辞めなきゃよかったし、お礼は菓子折りだけにしておけばよかったと心の底から思った。それくらい、介護の仕事はしんどい。

本書はそんな尻の青い動機で介護業界へ飛び込み、向いてもいないのに介護職員になってしまった私の、必死な毎日の記録である。

目次

第3章 地雷

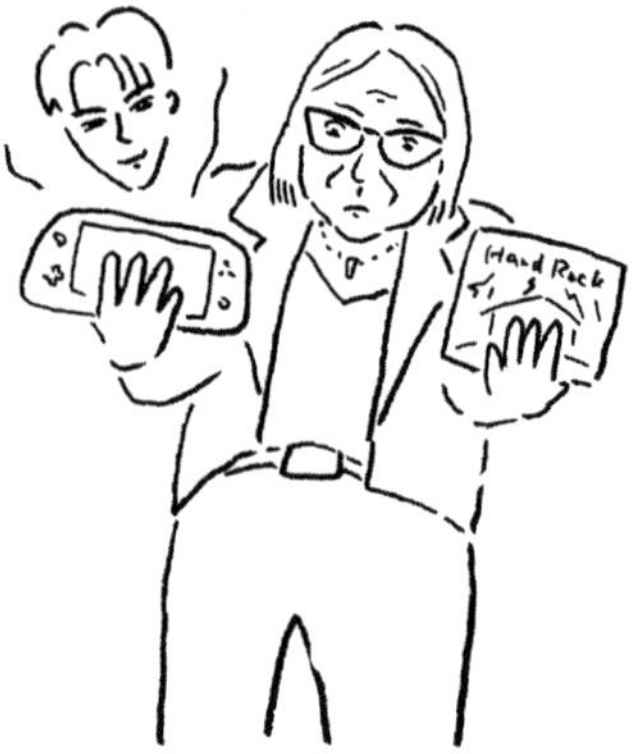
Hard Rock

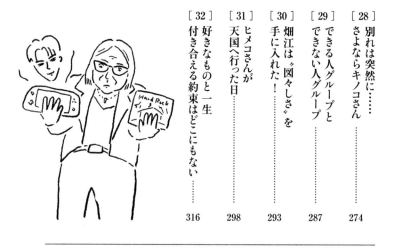

グループホーム

認知症高齢者をはじめ、知的障害者や精神障害者が、専門のスタッフの支援のもと、集団で暮らす施設のこと。１ユニットにつき５～９人で生活する。介護サービスには介護保険が適用。生活保護でも入所が可能となっている。

※２０４０年、我が国では、65歳以上の人口が全人口の約35パーセントという、過去最大の割合になると推計され、様々な社会問題が表面化してくると予測されている。

第1章
しんどい

1 キノコさんからの贈りもの

入職初日。私の右手にはゴルフボール大の便、つまりウンチがふたつ乗っかっていた。

話は小一時間ほど前までさかのぼる。

支給されたユニフォームに着替え、私は配属されたフロアに出た。大好きだったジェルネイルを落とし、爪を短く切りそろえ、お尻まであった長い髪はうなじが見えるくらいまで切った。自分が自分でないみたいで落ち着かなかったが、いよいよ介護職としてやっていくのだという闘志のようなものが、フツフツと燃えていた。

私が職場に選んだのは、祖父が入居していたのと同じ「グループホーム」という形態の施設だ。利用者は程度の差はあれ全員が認知症。認知症の診断がないと入居できない決まりで、少人数の静かな環境下で認知症の進行を遅らせつつ、できることは自分でやってもらうという、自立支援を目的とした介護施設である。2階建てで、ワンフロアにつき9名、全部で18名の高齢者が入居している。

初日の教育担当は、施設長の森田さんだ。年齢は40歳。文字通り施設のトップであり、この道20年の大ベテランだった。

「まずは利用者さんの顔と名前を一致させること。そのために、最初は利用者さんとお話ししたりして、コミュニケーションを取ってみてください」

ガチガチに緊張している私に向かって、森田さんは淡々とそう言った。

「ほら、早く」

彼女のがっしりとした肩が「グズグズすんな」と言わんばかりに揺れる。キツめのパーマがかかった茶髪からのぞく、その鋭い目つきに気圧され、私はリビングで思い思いに過ごしている利用者に話しかけに行った。

「こ、こんにちは」

最初に話しかけたおばあさんは、いきなり目の前に回り込んで来た見慣れぬ女に警戒心を覚えたのか、明らかに不快そうな表情を浮かべる。

「そんな小さい声じゃ聞こえないよ。もっと大きな声で話しかけないと」

え、いま結構大きな声を出したつもりだったんだけどな……戸惑いながらも、私はもう一度大きな声で、「こんにちは、初めまして。畑江と申します」と声をかけた。

「ああ、どうも。こんにちは」

ようやく挨拶が通じると、おばあさんはにっこりと笑ってうなずいてくれた。ふう、よかった……少し緊張がとける。ひとまずはこの調子で全員に挨拶していこう、と自分を奮い立たせた。

私はおじいちゃん、おばあちゃん子だったので、お年寄りとの会話なんて楽勝だと思っていた。

しかし、「利用者さんとのコミュニケーション」は想像以上に大変だった。なにせ、全員が認知症である。しかも、それぞれ程度も症状もバラバラなのだ。10秒前に言ったことを忘れて、「うちの田舎は田んぼがキレイでね」という話を延々とループしてしまう人もいれば、知らない人間を警戒し、「やだ！　この人だれよ！」と自分の居室に逃げ帰ってしまう人もいる。「好きな食べ物はなんですか？」という質問だと答えられないが、「かつ丼と天丼、どっちが好きですか？」という質問ならば、即座に「かつ丼！」と答えられる、という人もいる。

利用者それぞれに合ったコミュニケーションを模索していくだけで、私はぐったりしてしまった。

ようやく全員に挨拶できたかな……とあたりを見回したとき、リビングには8名しかいないことに気がついた。

残りのひとりはどこだろう、とキョロキョロしてみると、廊下の奥からその人が歩いてきた。華奢で、小柄で、ツルリとした黒髪のマッシュルームカットが特徴的な、なんとも可愛らしいおばあさんであった。まるでキノコの妖精みたいだったので、私は心の中で思わず「キノコさんだ」とつぶやいていた。

「こんにちは、初めまして。今日からここで働く畑江と申します。よろしくお願いします」

ズボンのポケットから白い包みを取り出し、「あの、これ……」とこちらへ差し出すキノコさん。

さっきのお茶の時間に、みんながおまんじゅうを食べていたのを私は見ていた。なので、きっとその残りをペーパータオルに包んで、新参者の私にくれたのだろう……なんて、優しい人だ。

勝手にジーンと来ながら、笑顔さえ浮かべて、私はその包みを開いたのであった……。

「ぬわぁぁあああああああああッッ‼」

「なになになにッ、どうしたのッ」

私の絶叫を聞いた森田さんが、風のような速さで飛んでくる。私はショックのあまり床に落としてしまった便（×2）を指さしながら、口をパクパクさせることしかできなかった。

「あぁ〜、どうもありがとうね」

森田さんは床に転がった便を一瞥すると、ニコニコしながらキノコさんの肩に手を置いた。

……この施設では、人にウンチを手渡すとお礼を言ってもらえるのだろうか？　もしかすると、これはウンチに見えるだけで実はウンチではないのか？　だとしたらなんだ？

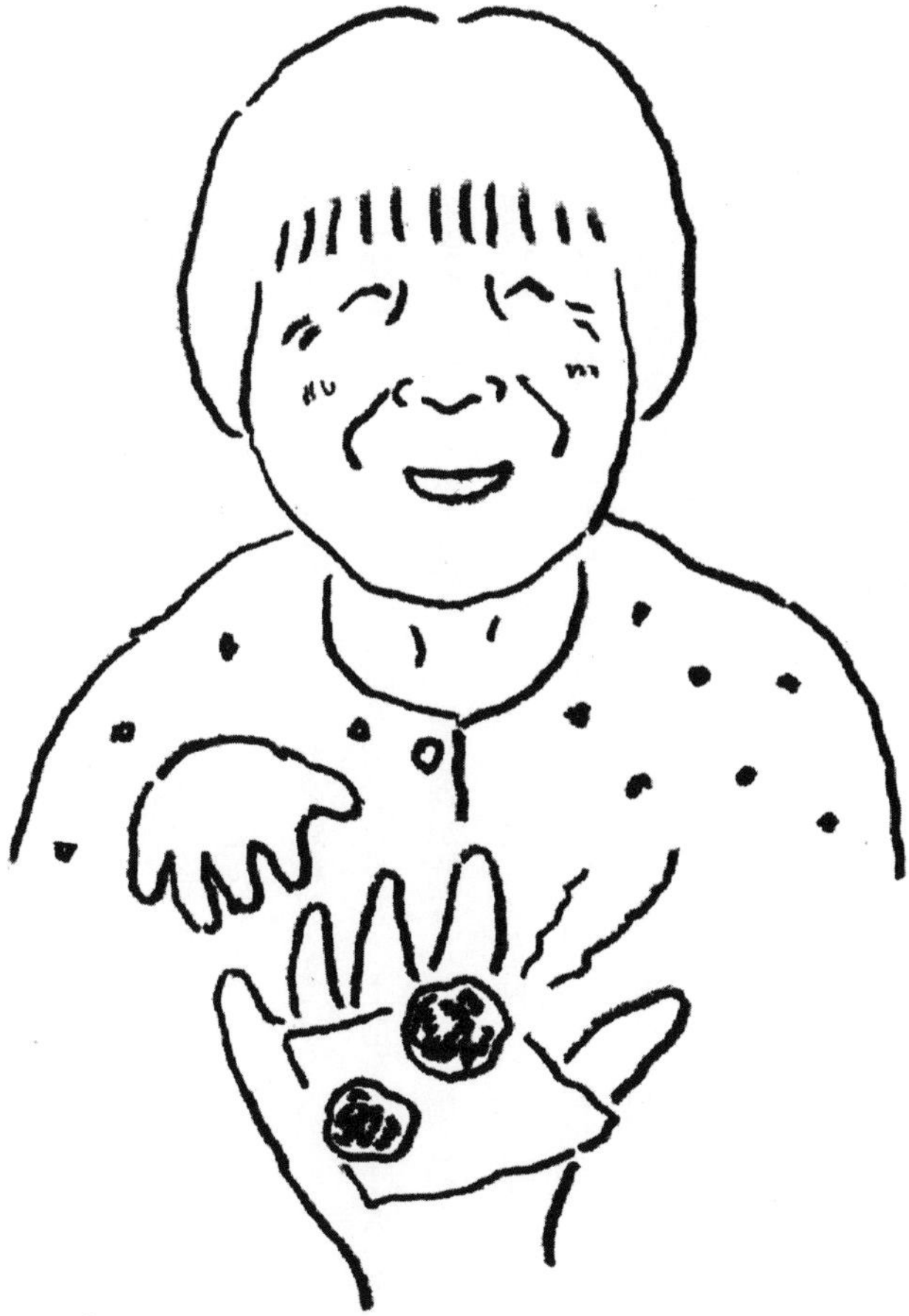

いや、どこからどう見てもウンチだよな……私の脳内は一瞬にしてウンチと疑問で埋め尽くされた。

介護の現場では、利用者の排泄状況、つまり便と尿がいつ・どれだけ出たかを把握し、記録をつける。

自力でトイレまで行けない人はその記録をもとにトイレへ連れて行ってあげなくてはいけないし、一日のうち排尿が極端に少なければ様々な病気を疑わなくてはならない。

便に関しては、だいたい三日間排便がなければ医師の指示のもと、下剤を使用する必要がある。高齢者は便を肛門まで送り出す腸の動き、蠕動《ぜんどう》運動が低下している場合が多く、便秘になりやすいのだ。便秘が続けば、最悪の場合、腸閉塞になる危険性だってある。

排便・排尿の有無だけでなく、軟便なのか硬い便なのか、血尿なのか色が濃いのかなど、排泄物がどんな状態だったのかまで、細かく記録をつけていく。排泄物は、利用者の健康状態を把握するための貴重な情報源なのだ。

キノコさんは、職員がそんなふうに利用者の排泄物を気にしているのを知っていた。だから「こんなん出ました」と、わざわざ便を持って報告に来てくれたのだった。

「こんなことで大騒ぎしてたら、やっていけないよ」

森田さんはため息交じりにそう言った。

「このお姉さんは全然うれしくなかったみたいだけど、私は凄くうれしかったからね！

いつも教えてくれて、どうもありがとうね」

……なんか、ヤな感じである。

森田さんの言葉を聞きながらそう思ったものの、私はホッとしていた。嫌がらせをされたわけではなかったのだ。

そんなキノコさんは、その日の夕食で突然、「あーん」と子どものように泣き出した。

わけを聞くと、おかずのチキンの照り焼きがイヤだという。

おいしいから食べてみましょう、と言ってみると、「蛇はやだよ～～蛇はやだ～～～」

とのこと……。いや、蛇じゃねーし……。

この日、ヘロヘロになりながら自宅に帰った私は、一瞬でマリアナ海溝よりも深い眠りに落ちたのだった……。

2 生きる文化財！昭和のガンコジジイ山本さん

入職5日目。

先輩職員についていくのがやっとな私は、すでに「仕事行きたくないなぁ」と思い始めていた。

疲れが取れないままリビングで朝食を食べていると、耳の異変に気がついた。朝のニュース番組の音声が、やけに耳障りに感じるのである。

アナウンサーが変わったわけでもなければ、音量だっていつも通り。それなのに、鼓膜をヤスリで撫でられたかのように、人の声が神経に障った……。その原因は、山本さんであるとすぐに思い至った。

山本さんは昭和ひと桁生まれ（！）の典型的なガンコジジイだ。ちょっと冷めたお茶や汁物を出そうものなら、「こんな水みたいなモンが飲めるか！」と、建物が震えるほどの声量で怒鳴り散らし、洗濯物畳みや洗い物などの家事には「男がそんなことできるか！」と参加せず、リビングの共有テレビのチャンネルは独り占め。

私は平成生まれなので、昭和の空気を身をもって知っているわけではない。しかし、山本さんがいてくれるだけで、そこに昭和の在りし日を見ることができるような気がしていた。

私の耳がおかしくなった原因、それはそんな山本さんがカラオケで熱唱する軍歌だった。介護施設ではどこもだいたいレクリエーションの時間があるのだが、うちの施設ではよくカラオケをやっていた。

山本さんはこのカラオケの時間をとても楽しみにしていて、40分くらいぶっ続けで軍歌や戦時歌謡を歌い上げるのだ。

驚くべきは、山本さんはノーマイクなのである。それでいて、オケを押す声量で元気に歌うのである……。

『露営の歌』、『日本陸軍』、『若鷲《わかわし》の歌』、『同期の桜』……とくる頃には、耳の奥に綿菓子が詰まったかのように聴覚がぼんやりとしてきてしまう。加えて、彼は普段の声量もマーシャルのアンプ1959並みの爆音、ならぬ爆声だ。

介護職デビュー5日目にして、私の耳はすっかりやられちまっていたのである。

さて、そんなことをぼやいていても、シフトに入っていれば山本さんのリサイタルから逃れることはできない。この日も私は、疲弊した耳に鞭を打ち、轟音《ごうおん》の渦のただなかにいた。

セットリストは昨日と同じ。全国津々浦々で歌い尽くしたベテラン歌手のコンサートのように、あるいは〝ジャイアンリサイタル〟のように、山本さんのステージは滞りなく進んでいく……かのように思えた。

「うるっせぇんだよ！　いっつもいっつもヘタクソな歌ばっか歌いやがって！　いい加減にしろよ！」

突如として、観客のひとりがそんな命知らずなヤジを飛ばした。利用者のひとり、仁科さんだった。

仁科さんは本が好きで、普段は自分の席で静かに雑誌や旅行記などを読んでいる。他の利用者が困っていれば、「お手伝いしましょうか」と助けてあげたり、私たち職員に対し

ても、「いつもありがとう」と、ニコニコしながら声をかけてくれる。スラッとしていてスタイルがよいこともあり、職員の間ではジェントルマンとして有名なおじいさまだ。年齢は80歳、外見は『グラン・トリノ』の頃のクリント・イーストウッドに似ている。

「なんだと⁉　やんのかこの野郎！」

ステージを投げ出し、仁科さんに向かっていく山本さん。私と森田さんは、慌ててふたりの間に入った。

「うるせぇって言ってんだよ！　みんなの前で歌うなら、もう少し練習してから出てこいってんだよ、このバカタレ！」

「表に出ろ！　ぶん殴ってやる！」

高齢者とはいえ、怒った男性ふたりの勢いは凄まじい。森田さんは山本さんの、私は仁科さんの前に立ち、両者の手が出ないようになんとかなだめた。

場が収まったあとに仁科さんの話を聞いてみると、「前からうるさいとは思っていたのだが、ついに今日、我慢できなくなってしまった」とのことだった。

私がこっそり、「気持ちはわかるけどね……」と言うと、彼は、「お姉さんも？　やっぱそうだよね、俺だけじゃなくて良かったぁ」と表情を緩めてくれた。そのとき私は、初めて業務中、心の底から笑ってしまった。山本さんには悪いが、コソコソ話はときとして心の距離をグッと縮めてくれる。それに、普段温和なあの仁科さんが、私と同じようなフラストレーションを抱いていたことにも、親近感がわいたのだ。

「怖かった?」

森田さんがそう顔を覗き込んできたので、私は「ええ、まぁ……」と答えた。

「ああいうときは口で説得しても止まらないから、必ず職員が間に入って、体を張って止めること。殴り合いにでもなって怪我人が出たら大問題だからね。職員が怪我したほうがよっぽどマシだから」

男のケンカを、間に入って止める……身長153センチ、今までの人生で腕相撲に勝ったことさえ一度もない私に、そんなことができるのだろうか……。

森田さんの言葉を聞いていると、耳の疲労がさらに増す感じがした……。

ちなみに、昭和のガンコジジイ山本さんにも可愛い一面がある。

それは、〝入れ歯を外すと優しくなる〟というところだ。

洗浄剤につけるため、義歯をいったん外してもらうと、歯がないのが落ち着かないのか、途端に大人しくなってしまう。声の大きさはウィスパーになり、私たちに「いつもご苦労様」とまろやかな声で言ってくれるのだ。

それにしても、外まで聞こえる声量の軍歌、男ふたりの言い争う声……、うちの施設は外観も民家に寄せているので、近所の人からしてみればいったいなんの建物なのだろう、とさぞかし気になることだろう。

不穏な事務所と勘違いされてなきゃいいけど……と、帰路、耳の奥をワンワンさせながら思った。

3 そのスピードは疾風のごとく……黄金の右手トミさん

突然だが、この世には「乙女ゲーム」というものが存在する。

これは、主にゲームに登場する男性キャラクターとの恋愛を楽しむシミュレーションゲームで、作品のカラーは学園もの、時代もの、オフィスラブ、サスペンス仕立て、異世界ものなど多岐にわたる。様々なイケメンがとんでもない角度からこちらの心を射抜いてくる上、ストーリーに泣かされる場合も多いので、できれば誰もいない部屋で、ひとりきりで、イヤホンをつけながらプレイしたい種類のゲームだ。

入職してから1週間が過ぎた頃、私はオタク友達から勧められて、この手のゲームにどハマりしていた。

仕事でヘトヘトになって帰ってきても、ゲーム機を起動すれば運命の男……いわゆる〝推し〟が、いつでもそこにいる。……嵐のような一日を終えるためには、推しの顔を見て、声を聞いて、ときめくという儀式が、この頃の私にはどうしても必要だった。

遅番シフトのOJTが終了したので、今日からは早番シフトのOJTが始まる。日勤のシフトは基本的にこのふたつで、業務の内容が全然違う。簡単に言えば、遅番シフトは食事の準備、早番シフトは入浴介助がメイン、といったところだ。昼間の時間帯は、この2本のシフトが互いに連携し合い、利用者の生活を回してゆく。

OJTとは、「オン・ザ・ジョブトレーニング」の略で、新人が先輩職員と一緒に現場に立ち、実際に仕事をしながら業務を覚えていく、自転車にたとえれば補助輪付きの期間だ。一日の流れはもちろん、介護的な手技もまずはこのタイミングで覚えていく。期間は施設によって異なるが、うちの施設では1か月間のOJTがあった。

私は口から胃袋が出そうなほど緊張していた。

なぜなら、入浴介助中というのは様々な事故や危険が予見されるからである。

足を滑らせ転倒、ヒートショック、シャワーの温度調節を間違え熱湯や冷水を浴びせてしまう可能性……。出勤の道々、私はそんな恐ろしい想像を膨らませては、心臓をドキドキさせていた。昨夜の、ときめきだけに心臓を高鳴らせていた時間に戻りたい……、心の底からそう思っていた。

入浴は一日3名から4名。1名につき、だいたい30分ほどかかるので、午前中からスタートする。

トップバッターは、都会至上主義のハイソレディ、トミさんだ。

トミさんは生まれも育ちも東京で、学生時代を某・お嬢様学校で過ごした筋金入りの上流階級出身だ。しかし、そんな彼女も今ではこんな〝フツー〟のグループホームで過ごしている。

年齢は82歳。肌が白く、唇はいつも紅をさしたような、きれいなバラ色だった。全体的に丸みを帯びたふくよかな体つきで、歩くときは常に歩行器を使用しているが、目を離すと歩行器の存在を忘れてそのまま歩き出したりするので、注意して見守らないといけない。

「あんた、どこの人？」

しばしば、トミさんはこの質問を投げかけてくる。〝しばしば〟というのは、何度このやりとりを繰り返しても忘れてしまうからだ。

ここで、東京・神奈川以外の地名を口にしようものなら、たちまちトミさんの天下である。「田舎の出か！」「どうりで貧乏くさいと思った」「かわいそうに」「学校もロクに行かせてもらえなかったんでしょう」……など、ヒデー言葉の弾丸でハチの巣にされるのだ。

そんなこともあってか、トミさんのバスタイムはシチュエーションを楽しめて結構面白かった。彼女は、「髪の毛や体を洗う」という動作を理解できなくなってしまっているので、全身の洗浄は職員の手によっておこなわれる。それが、〝お嬢様にお仕えする従順なメイド〟のような気分にさせられるのである。

「お湯加減はいかがですか？」「洗い足りないところはございませんか？」「お背中にお湯をおかけします」といった声かけも、心なしか〝屋敷の者ふう〟になっている自分に気がつく。我ながらノリやすい性格だ。

森田さんの指導のもと、トミさんの入浴は滞りなく進んだ。

あとは服を着たあと、左のかかとの褥瘡《じょくそう》の処置をしなければならなかった。

褥瘡というのはいわゆる床ずれで、体重などで圧迫されている部分の血流が悪くなり皮下組織が壊死《えし》し、傷になってしまったものだ。かかとは仰向けで寝ているときに圧迫されやすく、褥瘡が非常にできやすい。進行すると患部は深い穴が空いた状態になり、背中などの皮膚面積が広い箇所になると、大人の拳が入ってしまうほどのポケットが形成されてしまうこともある。なので、褥瘡は初期の段階で発見し、進行を食い止めることが大切なのだ。

トミさんの褥瘡は、5段階で言えば3くらいの進行具合だった。直径3センチほどの穴が、かかとにぽっかりと空いている。血とか傷がダメな私は、それを見たとき、「うわ、マジかよ……」と気が遠くなった。

しかし、お嬢様がお怪我をされているのに、弱音を吐くようなメイドにはなりたくなかった。私は必死で気を落ち着かせながら、椅子に座っているトミさんの左足を持ち上げ、傷口に薬を塗っていった。

「あ————‼」

そのとき、突然お嬢様が叫んだかと思うと、私の左頬に落雷のような衝撃が走った。そして、目の前に見える満天の星。子どもの頃、母の田舎で見た星空よりも、たくさんの星が見えた……私は、トミさんにビンタされたのである。

「あ、言うの忘れてた。この人、普通に手が出るから気をつけてね(笑)」

ケタケタ笑っている森田さんに、(笑)じゃねぇんだよ‼と、もう少しで声を荒げそうになった。どうもこの人は、私が大変な目に遭っているのを面白がっているようなフシがある。

私は燃えるように熱い左頬をそのままにしながら、「た、大変失礼いたしました……」と、〝お嬢様〟に謝罪した。そして、ソットソット、彼女の表情を見ながら処置を進めていった。

……いったい、このシチュエーションはなんだろう……。お嬢様の婚約者である財閥の長男と許されぬ恋に落ちた末、駆け落ち前夜にそれが発覚。激昂したお嬢様に、「この泥棒猫！」とビンタを食らったメイド……というところだろうか。トミさんのかかとに包帯を巻きながら、私はずっとそんなことを考えていた。

「もし、利用者さんからの暴力で怪我をした場合って、労災になるんですか？」

トミさんの入浴介助をなんとか終えたあと、私は森田さんにそう質問した。

「あ〜〜。……まぁ……そう、だね……」

森田さんの表情が曇り、声がワントーン低くなる。それを見て、私は彼女の言わんとすることの半分以上を理解した――。

「でもほら、手が出る人だって、わかってれば避けようがあるでしょ？　今回こうやって勉強できたわけだし。だから、ね？」

介護現場では、昔から労災隠しが問題視されてきた……とは聞いていたが、その前段階

に、〝労災封じ〟という技があるのには思い至らなかった。森田さんは、「私も昔はよく利用者さんに噛みつかれたり蹴られたりした」「でも、そんなことでいちいち労災って言ってたらこの仕事はできない」というようなことを言って、この話を終わらせた。

きっと、トミさんは褥瘡の処置をされている最中、痛かったのだと思う。私は今まで体に褥瘡ができたことはないし、それを他人の手で処置される痛みも知らない。でも、この日のビンタは確かに痛かった。

私とトミさん、果たしてどっちのほうが痛かったのだろう……そんな比べようもないことを考えている自分がいた。

帰宅後、私は無性に誰かに優しくしてもらいたくなって、乙女ゲームを起動した。

「ほら、お手をどうぞ、お嬢様？　……なんてね」

推しの声と笑顔が、私の心を容赦なく打ち抜く……。「あ〜〜〜ん‼　しゅき！！！！」と、ゾウの鳴き声のような絶叫をかまし、ベッドをゴロゴロ転がり回らねば、そのときめきには耐えられなかっただろう。

……やっぱり私は、メイドよりもお嬢様ポジションのほうが、圧倒的に好きなのであった……。

4 一撃必殺！毒霧のキヨエさん

介護士デビューから2週間が過ぎ、ＯＪＴもそろそろ終盤を迎える頃……私の心は、鉛のように重たくなっていた。

私は昔から音楽が好きで、仕事の行き帰りはもちろん、外を歩くときはいつでもイヤホンで音楽を聴いていた。

それが、音楽を聴けなくなってしまったのである。

雨の日の憂鬱を一瞬で粉砕してくれるハードロック・ヘヴィメタル、晴れの日をより気持ちよく感じさせてくれる爽やかなオルタナ、考えごとをしたいときのクラシック……。

これまで私の人生に寄り添い続けてきてくれたそんな音楽たちを、鼓膜と脳が拒否し始めたのだ。

おそらく、作曲者や演奏者の意思、歌詞の力を受け止めるだけのパワーが、心から失われていたのだと思う。

けれど、何か聴いていないと出勤など到底できそうにない。そこで私が選んだのは、ソルフェジオとか、アルファ波とか、自律神経を整えるといった文句が題に含まれる音楽、いわゆるヒーリングミュージックだった。

朝の電車で、「ファ〜〜〜〜〜〜〜〜〜〜ボ〜〜〜〜〜〜ン……」というような、ぼんやりとした音階を聴きながら目を閉じる。視界から入る情報は全て排除し、瞼の裏に美しい湖や緑が光る森を思い浮かべる。そしてひたすら、「今、自分のメンタルは最高に癒されている。今この瞬間、私は生まれ変わっている」と念じ続けた。

それでも、「そろそろ死にたくなってきたな」と弱気になるときは、前日にプレイした乙女ゲームのことを思い出すようにしていた。

大丈夫。どんなに毎日辛くても、推しは私に「愛してる」と言ってくれた。だから私は大丈夫。家に帰れば、いくらでも彼に会える……そうやって、自分を鼓舞し続けた。

私のライフをここまで削ったのは、キヨエさんという利用者である。

キヨエさんは78歳。昔は旦那さんと一緒に海鮮居酒屋をやっていたのだそうだが、日に日にオーダーが覚えられなくなったり、料理の手順がわからなくなっていったのだという。魚料理が好きで、骨までバリバリ食べていた過去があったせいか、その体に触れると「骨太だな」という印象を受ける。外見は、ハリウッド女優のヘレナ・ボナム＝カーターがもっと歳をとったらこんな感じかな？ という具合の美人さんだ。

彼女は発語もまばらで、こちらが言っていることもあまり理解ができない。利用者の中では、意思の疎通が一番困難な人だ。加えて、認知症の代表的な症状である「易怒性《いどせい》」が顕著に出ており、暴力行為も日常茶飯事だった。

易怒性というのは、簡単に言えば怒りっぽいということだ。認知症の人は自分の気持ちや状態を周囲に上手く伝えられなかったり、周囲の状況が理解できなかったりするストレスから、怒りっぽくなる人が非常に多い。キヨエさんは発語もまばらなので、何をしたいのか、どうして欲しいのかを汲み取るのがめちゃくちゃ難しい。そのことが、彼女のストレスを確実に強めていたのだと思う。

私はこの2週間、キヨエさんの「怒りスイッチ」がどこで入るのかを、密かに探り続けた。

行動を抑制されたときなのか、居眠りしているところを起こされたときなのか、びっくりさせてしまったときなのか……。けれど、答えはわからなかった。ケラケラ笑っていたかと思えば急に表情が険しくなり職員を叩く、それまで静かに食事介助を受けていたのに、突然職員の腕に噛みつこうとする、トイレまで付き添っている最中、なんの前触れもなく職員を蹴とばすなど、キヨエさんの行動は読めないのだった。

この日の昼食時、私はキヨエさんの食事介助にあたることになった。彼女は自分で箸や食器を持ち食事を進めることができないため、職員がスプーンを使って食べ物を口まで運んであげなくてはならない。

「キヨエさん、今日は肉じゃがですよ」

「次はコンソメスープを飲みましょう」

「キュウリの浅漬けとごはん、一緒に食べてみましょう」

……そんなふうに声をかけながら、介助を進めていくと、キヨエさんは黙々とごはんを食べてくれる。

良かった……と、ホッとしたのも束の間、状況は一変することになる。これまで着々とおぼんの上のものを食べ進めていてくれたキヨエさんは、突然私の顔に口の中の食べ物を吹き付けてきたのである。

「……」

私は呼吸を止めた。そして、自分の気持ちが落ち着くのを待った。

かっこつけずに言おう。このときの私が介護士でなく、ユニフォームを着ていなかったら、間違いなく渾身の力で頭をひっぱたいていただろう。

「だ、大丈夫ですか？」

私が放心しているように見えたのか、心配そうに声をかけてくれる先輩職員……。その横で、森田さんは腹を抱えて笑っていた。

「大丈夫です。ちょっとびっくりしちゃって」

毒霧をまともに食らった顔面を手の甲で拭いながら、私はそう答えた。

「キヨエさんは元気だね！　元気なのはいいことだよ！」

目に涙を浮かべながら笑い続け、キヨエさんの肩をポンポン叩く森田さん。この人と笑いのツボが一致することは一生ない。

帰り道、私は、「ファ〜〜〜〜〜〜〜〜ボ〜〜〜〜〜〜ン……」というヒーリングミュージックさえ聴く気になれなかった。

しかしそうすると〝現実〟の音が聞こえてくる。行きかう車の音、自転車のベルの音、風の音、人の話し声……そういう音を聞いていると、自分がいま生きている毎日が、逃げようもない自分の人生なのだと突きつけられているような気がして、なんだか無性に泣き出したい気持ちになった。

あのあと森田さんは、「多分ケアの仕方が悪かったんじゃない？」と言った。これは介護業界でよく聞くセンテンスで、「その人に合った介護を提供できていない」というようなニュアンスで使われることが多い。乙女ゲームで言えば、〝選択肢をミスッた〟というところだろうか。選択肢が無限にある分、もちろんゲームより遥かに難易度は高いが。

けれど、「なんだよそれ」と思った。

声のかけ方が悪いとか、その人に合ったケアをしていないとか、こちらを責める言葉はたくさんあるけれど、利用者だって人間だ。たまたま機嫌が悪かったとか、だるかったとか、そういう日だってあるはずだ。だから、こうすれば上手くいくなんてマニュアル、あるはずないだろう。

だいたい、いくら機嫌が悪かったからって、私の介助の仕方が悪かったからって、口の中の食べ物を人の顔面に吹き付けていい理由にはならないだろ。こっちだって人間なんだ。

そういうことをされれば傷つくし、噛みつかれたら痛いんだよ！

「認知症の人しかいない介護施設で働く職員」という立場も忘れ、私はそんなことをグルグル考え続けた。

帰宅すると、家族はもうみんな寝ていた。

リビングのテーブルの上に、「今日は冷やし中華です。冷蔵庫に入ってるヨ」というメモ書きがある。母の字だった。

（はぁ、疲れた……）ラップを外して冷やし中華を食べようとしたとき、私はトドメを刺されたような気持ちになった。

母が作ってくれた冷やし中華は、冷蔵庫の中で私の帰りを待つうち、麺がくっついてカチカチになり、フリスビーのようになっていたのである……。


私はついに泣いた。

なんだかもう訳がわからなかったけれど、ただただ辛かった。冷やし中華はすすらずに、ちぎって食べた。

向いていなかったのだ。疲れた。限界だ。介護なんて、もう辞めよう。そう思った。

この夜、私は乙女ゲームを起動しなかった。

キヨエさんに対して、「ふざけるなよ」と思ってしまった自分、母親に夕食を作ってもらっておきながら、「ふざけるなよ」と思ってしまった自分……そんな自分が恥ずかしくて、情けなくて、推しに合わせる顔がなかったのだ。

5 精神崩壊の危機を救ってくれた名医・ヒメコさん

辞める。

もう辞める。

入職してから2週間ちょっとしか経っていないけれど、向いていないのだと早いうちにわかって良かった。

今日、出勤したら森田さんに言おう。

OJTの期間が終わったあとよりも、いま言ったほうがきっと会社にも迷惑がかからないはずだ。

……辞めたあとはどうしよう。また事務職を探そうか。けれど、事務職は人気の職種だ。

その枠にまた入れるかどうかはわからない……。そういえば、就活用のスーツ、どこにしまったっけ……。

朝の電車で、私はずっとそんなことを考えていた。

すっごい眠いけど、まぁ辞めるし。すっごい疲れているけれど、まぁ辞めるし……。辞めると決めたあとは、気持ちが羽根のように軽かった。

今日も今日とて早番シフトのＯＪＴだ。しかも、超難関のキヨエさんをお風呂に入れなくてはならない。憂鬱だったが、まぁ辞めるし、と心の中でつぶやいて、呼吸を整えた。

キヨエさんは、お風呂の中では大人しい人だった。

髪の毛や体を洗ったりなどの介助にも拒否はなく、ただされるがまま、といったように目を閉じていた。もしかすると、気持ちいいなぁなんて思ってくれていたのかもしれない。

しかし……本番は、そのあとだった。

お風呂が終わり、キヨエさんをリビングへ連れて行くと表情が一変。椅子に座るや否や、いきなり私の腕を平手でバチバチ叩き始めたのだ。

「あぁあああ！」

眉間に深く刻まれた皺。言葉にならない怒りの叫び。

けれど私は、キヨエさんが何に怒っているのか、何が気に食わないのかわからない。キヨエさんのひきつれた怒りが、私の腕を真っ赤に染め上げていく。

まぁ辞めるし。そう思うと、どうでもよくなった。

だけど、キヨエさんの気持ちはわからずじまいか、とも思った。

仕方がない。所詮は赤の他人。ここで縁が切れてしまうのも、そういう運命だったのだ。

さよなら、キヨエさん——私が彼女の手を振りほどいて行ってしまおうとしたそのとき、誰かに手首を掴まれた。

振り返ってみると、それはヒメコさんだった。

ヒメコさんは元小児科の先生。転倒からの骨折を繰り返しているうちに、歩くことはほとんどできなくなっていた。そのため、リビングではいつも車椅子に座っている。年齢は87歳。形の良いおでことふっくらとした頬、優しそうな目元が、どこかドリュー・バリモアに似ている。

「……」

ヒメコさんは、ジッと私の顔を見ている。何か言いたいことがある、といった表情だ。彼女は意思の疎通はまあまあできるものの、認知症の進行により普段は発語がほとんどない。その上挙動も静かな人だったので、実を言うと印象が薄い利用者だった。

「どうかしましたか」

ギュッと眉間に皺を寄せているヒメコさん。まるで私の心を見透かしているような、まっすぐな瞳。

——いったいなんなんだよ。私はもう一度、「どうかしましたか」と言おうとした。

そのとき、ヒメコさんはもう一方の手を私の腕に伸ばした。そして、キヨエさんに叩かれて真っ赤になったところを、摩擦で熱くなるほど一生懸命さすり始めたのだ。

あっという間に私の目頭は熱を持った。視界が歪んで、ヒメコさんの顔が見えなくなる。

ボタリ、ボタリと涙が床に落ちていった。

昨日たくさん泣いたというのに、私の涙は止まらなかった。次から次へとあふれる涙は、昨日流したものよりも熱かった。

「ありがとう」

私の声はヒメコさんに届いただろうか……。届く前に、涙と一緒に床に落ちてしまったような気もする。けれども彼女は、うんうんとうなずきながら、私の腕をさすり続けてくれた。

　このとき、私は決めた。

　ヒメコさんを看取るまでは続けようと。

　それまでは、何があっても絶対辞めないと。

　事務職からの転職活動中、私は看取り対応をしていないグループホームの面接もいくつか受けた。しかし最終的には、祖父を看取ってもらったという経験から、看取り対応をしているこの施設を選んだ——そのときの気持ちを、はっきりと思い出したのだ。

　ヒメコさんに言葉はなかった。けれども、私は彼女の気持ちをちゃんと受け取ることができた。それならば、キヨエさんの言葉にならない苛立ちも、きっと受け取れるはず。キヨエさんを一歩理解できる日が、必ず来るはず。そんな希望が見えた気がした。

「畑江さん、何やってんの。早くヒメコさんをお風呂に連れてってあげて」

　事情を知らない森田さんがやってきたので、私は顔を伏せながら「はい」と返事をした。

　折れかけた私の心をしっかりと治してくれた先生に、ちょっとでも心地よい時間をお返ししなくては……気持ちも新たに、気合いを入れて、私はヒメコさんの車椅子をお風呂場

まで押した。

教育係の先輩職員がちょっと傍を離れた隙に、私は先生に話しかけた。

「ヒメコ先生、さっきはありがとうございました」

「……」

ヒメコさんは目を閉じ、黙ってシャワーのお湯に当たっている。

「私の腕、すっかり良くなりました。ヒメコさんは名医なんですね」

「そうです」

なんと、ここでヒメコさんが返事をしてくれた。私は初めて、その声をはっきりと聞いた。意外にもハスキーな、けれども可愛らしい声だった。

「私の他は、みーんな出来損ないです。日本には、出来損ないの医者しかいません。みんな、みーんな頭が悪いから。この国はバカが多いのです」

「……」

……私は、このシャワーでヒメコさんがさっきまで確かに持っていた〝光属性〟まで洗い流してしまったのだろうか……。一瞬そんな思いが頭を駆け巡ったが、それ以上はあまり深く考えないことにした。

第2章

布教

6 ときめきは突然に　〜乙女ゲームに毒された我が脳〜

入職してから1か月。気がつけば夜勤のOJTも終わり、ようやく私は施設の介護職員として独り立ちした。うれしかったが、それだけ責任も大きくなるのだと思うと、緊張で体が弾け飛びそうにもなった。

一日中走り回ったり、重たい人を抱えたりしているせいか、家に帰りつくと玄関で座り込んでしまい、しばらく立ち上がることができない日もしばしばだった。

利用者を〝見守る〟のにも神経を使う。食事の用意をしているときでも、出入り業者や家族の面会対応をしているときでも、9人の利用者から目を離してはいけない。いつ誰が杖を持たずに歩き出したり、飾りの造花を食べようとしたりするかわからないからだ。

疲れすぎて夕飯さえ食べられないこともあった。けれど、どうにかこうにかお風呂だけは済ませ、ほとんど這うようにベッドまでたどり着く……。心の支えである乙女ゲームをゆっくりと楽しむために。

この頃、私は〝俺様キャラ〟にハマっていた。ネットの情報やオタク友達からのオススメを頼りに、俺様キャラの出てくるゲームを集中的にプレイしていく、いわば「俺様キャラ強化月間」であった。

「お前は俺のものだ」
「俺だけ見ていろ」
「そんな顔、俺以外の奴には見せるなよ」

……二次元男子にしか許されないセリフ&グイグイっぷりをぶっ放しまくる私の彼氏（推し）。たまらん。最高だ。さっきまでの疲れも、銀河の彼方に吹っ飛ぶ。

私は毎晩ベッドの上で、「んんん〜〜〜」とタスマニアデビルのように唸りながら、生きていることを実感していた。

そんなある日。

施設の廊下を歩いていると、向こうから仁科さんがやって来た。

「こんにちは」

仁科さんは昔、不動産の営業をやっていたせいか、いつもとてもキレイなお辞儀をしてくれる。こんなに柔らかい笑顔を浮かべた、しかもスタイルの良い紳士が営業に来たら、マンションでも家でもホイホイ契約してしまいそうだ。

「ちょっと、聞いてくださいよ」

今日の仁科さんはいつもより機嫌がいい。私に一歩近づいてきたかと思うと、声をピンポン玉のよ

うに弾ませて話を続けた。

「見て下さい、この補聴器！　ついこの間、新しくしたんですけどね、もの凄いよく聞こえるんですよ。いやあ、素晴らしいね！　今は凄いものがたくさんある！」

子どものように目をキラキラさせている仁科さんにつられて、つい「わぁ、凄いですね！」と大げさに返事をしてしまう私。そんな反応に気を良くしたのか、彼は自分の耳から補聴器を外して、「良かったらつけてみます？」とこちらに差し出してきた。

そういえば、補聴器なんて今までつける機会がなかったな……。ちょっと返事に困ったが、「じゃあ……」と、私は髪をかき上げ耳を出してみせた。

「あんた……可愛い耳してるなぁ」

ドキ――――ン‼

不覚にも、私はときめいてしまった。

およそ0.5秒で、仁科さんの一言は、「お前、可愛い耳してるな……」「どうした？　耳ま

で真っ赤じゃないか……」「もしかして、恥ずかしいのか？」というような俺様セリフ＆ボイスに変換され、私の脳内を駆け巡った。

え、待って、もしかして仁科さんって俺様キャラなの？　攻略しないと……っていやいや、職場のＣＥＲＯ《セロ》（ゲームのパッケージに対象年齢を表示したレーティングマーク）が上がっちまうっつーの‼

30年以上生きてきて、今までこんなセリフをリアルの男性に言われたことはなかった……。その初めてを、80代のおじいさんに奪われるとは、いったい誰が予想できただろうか……。

またあるとき、今度はミエさんの部屋でのこと。

ミエさんは76歳。私が入職する2か月ほど前に入居してきたという、グループホーム若葉マークの利用者だ。彼女はいつも自分でアイブロウペンシルを使って、形のいい眉をビシッと描いている。居室には若いころ旦那さんと撮ったツーショットが何枚も飾ってあり、写真の中の彼女はちょっとビックリするほどキレイだった。顔の輪郭と気品のある目元が、原節子を思わせるのである。

そんなミエさんの足の裏には角質がたくさんあり、まるで素足でごはんを踏んづけたみたいになっていた。なので、一日1回、その角質をやわらかくする薬を塗ってあげなくてはいけなかった。

「私の足、汚いでしょ……」

靴下を脱がせるなり、そう申し訳なさそうな顔をして俯くミエさん……。利用者に明るい気持ちになってもらい、毎日を楽しく送ってもらえるよう努めるのも、介護職の大切な仕事だ。

何か……何か、彼女を励ませるような言葉はないだろうか……。私は頭をフル回転させた。

「そんなことない！　ミエさんの体に汚いところなんて、ひとつもないよ！」

部屋の空気が一瞬で変になった。

すぐにその理由に気がついて、私はマグマの中へダイブしたくなった。

「あら～……ドキッとしたわ……」

私がイケメンになってどうする！　っていうかミエさん、ドキッとすんなし！

ミエさんが笑ってくれたからまぁいいか……と思いながらも、使い捨て手袋の内側はびっしょりと汗をかいていた……。

乙女ゲームもほどほどに……いや、それはできそうもない。

7 病院の待合室が赤線地帯⁉ 地獄の受診対応、ハナさん

ある朝出勤すると、ハナさんが口から血を流しソファに座っていた。私はもう少しで卒倒するところだった。

ハナさんは80歳。プードルのようなフワフワパーマヘアーがトレードマークの、いつも元気いっぱいのおばあさんだ。外見は、チャカ・カーンを小さくしたような感じ。

夜勤明けの職員から事情を聞くと、どうやらついさっき起きてきたときに、転んで唇を切ってしまったらしい。

「ハナさん、大丈夫……？」

恐る恐る顔を覗き込んでみると、ハナさんは血だらけの口を一文字に結び、足元を睨み

つけている。痛いのだろう。もはやなんの意味もなしていない絆創膏の下には、スペインのトマト祭りよりも鮮やかな赤があった……一目見て、こりゃ縫わなきゃダメだろうなと思った。

グループホームには、医師や看護師は常駐していない。その代わり、協力機関である病院の「訪問診療チーム」が、月に二度、施設に来て回診してくれるのだが、こういった緊急時には電話で連絡をすれば、施設でどのような対応をすればいいか指示をくれることになっている。

訪問診療チームに連絡して事情を話すと、2時間後に病院まで来てくれと言われた。夜勤明けの職員はあがってしまうので、必然的に私が連れて行くことになる。

そうと決まれば、急いで準備をしなければならない。保険証だのお薬手帳だの、診察券だの、受診に必要なものをバッグに詰めていく。

そう、地獄の扉を開けてしまったのだということも知らずに……。

「フラレル！」

タクシーに乗ってから5分ほど。それまで大人しく窓の外を見ていたハナさんが、急にそう叫んだ。

「フラれる？」

もしかして、このあたりは過去の恋人にフラれた、思い出したくもないような場所なのか？　……だとすれば、声かけの仕方が非常に難しい。適当な言葉で励まして、ハナさんの古傷を抉《えぐ》るような真似はしたくない。

ここはひとまず黙っていよう。私は時間が過ぎるのを待った。

5分後。

「フラレル！　フラレル！」

さっきのエリアからはだいぶ遠のいたのに、ハナさんは再びそう叫んだ。

そういえば、たしかこのあたりはハナさんが昔住んでいたという場所だな……と思い出した。私は、その辺に「フラレル」という名前の商店があるのだと思い、タクシーの窓から往来を見た。けれど、そんな名前の店はどこにもなかった。

「フラレルって何屋さん？　手芸屋さんみたいな名前だね～」

「あああ！」

ハナさんはレース編みが得意で、主婦をしていた頃はテーブルクロスやコースターなんかを、お店ができるほど作りまくっていたらしい。

きっと、懐かしい景色を見て昔のことを思い出したのだろう。けれど、『フラレル』という小さな手芸屋はもう何年も前に潰れてしまい、今じゃ思い出す人もほとんどいない
……そんなストーリーを思い描くと、とてつもなく感傷的な気分になってしまった。

移り変わるもの、そうでないもの……後ろへ流れてゆく窓外を眺めながら、私は地球の歴史について思いをはせていた。


病院で受け付けを済ませたあと、私たちは診察室の前のソファで待たされることになった。順番を待っている他の患者さんもそこそこいる。早く呼ばれることを願いながら、私はハナさんに空いているソファを勧めた。

「……」

しかし、彼女はかたくなに座ろうとしない。

仁王立ちで待合室を睥睨《へいげい》しているのだ。

そして、耳を疑うようなことを宣《のたま》った。

「わかった！　ここにいるのは、みんな売春婦だね！」

……は⁉

ギョッとするのと同時に、私は謎の手芸屋『フラレル』の正体に気がついた。ハナさんは、タクシーの中で、〝売られる〟と言っていたのだ。それが、口を怪我していたために上手く発音することができず〝フラレル〟になっていたのだ……。

「ほら！　見てごらん！　あんなに若いのに子ども連れてるよ。客の子かなにかだね、きっと」

上手く喋れないにもかかわらず、明瞭な発音を心がけようとしているハナさん。そのせいで傷が開いたのか、彼女の口はあっという間に血で真っ赤になった。この人は血液をサラサラにする薬を飲んでいるので、血がなかなか止まらない。血もハナさんの暴走も止まらない。

「かわいそうにねぇ……梅毒だってよ、この人は」

頼む、もうやめてくれ‼

「すっすみません、この人、認知症なんで……」と、他の患者さんに謝って回る私。人という人を指さしながらウロチョロする血まみればあさん。ちょっと遠くのソファで、よその施設の職員と思しき男性が、心配そうにこちらを見ていた。彼が付き添っているのは、背もたれが頭まであるリクライニングの車椅子に横たわる、発語のないおばあさん……。「なぁ、うちのと交換してくんねぇか？」そう絡みたくなる衝動を、私は必死で抑えなければならなかった……。

結局、ハナさんは上唇の内側を三針縫った。診察台の上で麻酔ができないほど大暴れしたので、看護師2名と私の3人がかりで押さえながら、すばやく縫合を進めてもらった。

ぐったりしながら会計を待っているとき、私はハナさんの過去について考えた。その昔、ハナさんが赤線にいたという情報は、私の知る限りない。だとすれば、どうしてあんなに興奮していたのだろう……もしかすると、知り合いや友人に、売られてしまった人がいたのかもしれない。本当のところは聞くに聞けないけれど、彼女が過ごした時代がどんなものだったのか、きちんと勉強する必要があると感じた。

ここで、ハナさんが再び口を開く。

「ねぇ、私、ヤスコじゃないよね？」

……誰だよ‼

先生に、「唇縫い合わせちゃって下さい」と言わなかった私を、誰か褒めてほしい。

8 森田さんは施設長兼・名演出家

「畑江さん！　ちょっと‼」

朝のコーヒータイムの準備をしていると、森田さんが目を三角にしてこちらへ向かってきた。

「これ‼」とキッチンのカウンターに叩きつけられたのは、キヨエさんのカーディガンだった。

「なんですか？」

「なんですかじゃないッッ‼」

森田さんは額に青スジを立てて叫んだ。

「これッ！　ここ‼　ごはん粒くっついてるじゃん‼」

彼女が指さしたところには、確かに乾いたごはんが5、6粒くっついていた。

「こんなもの利用者に着せておくなんて……」

森田さんが怒るのは正しい。

服が汚れたら着替える、寝起きのボサボサ髪を整える、顔を洗って目ヤニを取る……など、私たちが普段当たり前にやっている「身だしなみを整える」ことができなくなってしまった人たちに対して、支援の手を差し伸べる。それは、間違いなく介護職の仕事だ。

しかし、どうかこちらの事情も知ってほしい。

今朝私は3人立て続けに便失禁を食らい、ついさっきまでずっとひとりで利用者の更衣、掃除・消毒作業、洗濯にあたっていたのだ。

普段、利用者3名が連続して便失禁するということはそうそうない。しかし、この人たちは3日間排便がなかったため、前日に下剤を服用していたのだ。こういう日に当たってしまうことは、ごく稀にある。

その大変な対応を一切手伝ってくれなかったくせに、正論を振りかざしてキーキー怒る森田さんに対して、私はちょっとイラッとした。正直、キヨエさんのカーディガンにくっついてるのはウンチじゃなくて米粒なんだし、そんなに喚《わめ》かなくたっていいじゃん……と思っていた。

だが、森田さんが言っていることは正しかったので、「すみません、以後気をつけます」と頭を下げた。

「本当、気をつけてよね！　今日はキヨエさんの家族さんが面会に来るんだから！」

……ここで、私は森田さんが喚き散らしていた理由がわかり、言葉を失った。彼女は、利用者の人権的な観点から私を叱ったのではなく、単に〝家族の目〟を気にしていただけなのである。

思い返してみれば、私はこれまで彼女がご家族様へ向けておこなう〝名演出〟を、度々目撃してきた。

たとえばこうだ。

・名演出その1

家族が持ってきた新しい服を、次の面会時には必ず着せておく。家族はそれを見て、だいたい「あ〜、ちゃんと着せてくれているんですね！」というような反応をする。ちなみに普段は、生地が伸びなかったりデザインが凝っていたりなど、着せるのが面倒な服はタンスの奥にしまい込んだまま。

・名演出その2

家族が「母に食べさせてください」と差し入れてきたお菓子を、あえて利用者の口の端にちょこっとだけくっつけておく。面会に来た家族がそれに気がつくと「ついさっきまで、前回持ってきていただいたお菓子を召し上がっていらっしゃったもので……すみません、急いでお連れしたものですから……」とアセアセしながら利用者の口元を拭う。ちなみに普段は平気で提供し忘れ、消費期限切れになって捨てたりすることも多い。

・名演出その3

家族が面会に来る時間がわかっている場合は、あえてその時間に利用者を散歩に連れ出す。そして施設の前で、偶然を装いバッタリ鉢合わせさせる。家族はだいたい、「お散歩に連れて行ってくれてたんですね〜」というようなリアクションをする。ちなみに普段は、基本的にずっと椅子に座らせたまま。

ご想像の通り、介護施設は忙しい。

なんとか工夫して時間を作ろうとはしているけれども、ギリギリの職員数（うちの施設では、日中は職員2人で利用者9名を見ている。そのうちのひとりは入浴の介助でほとんどフロアにいないので、だいたいの時間は職員ひとりになってしまう）で、この日のような便失禁コンボにブチ当たってしまうと、お散歩や食べこぼしのついた服を着替えさせる時間が取れなくなってしまうことも多い。

そこへ、転倒するリスクの高い利用者が落ち着きなく徘徊を始めた日には、さらに時間がなくなってしまう。

ベルトなどを使用して椅子から立ち上がれなくする、あえて座面が低く、立ち上がりづらいソファに座っていてもらう……というようなことは、身体拘束にあたるのでできない。身体拘束とは、利用者の身体を縛るなど物理的に拘束したり、向精神薬を過剰に服用させて動けなくするなど、その運動を抑制する行動の制限を指す。

介護施設では、①切迫性（本人や他の利用者の生命、もしくは身体に危険が及ぶ場合）、②非代替性（拘束をする他に方法がない状態）、③一時性（一時的な拘束であること）、この3つの条件を全て満たさない限り、身体拘束は禁止されている。

加えて、やむを得ず身体拘束をする場合は、職員間でカンファレンスを実施し、本当にそれしか手段がないのか検証しなくてはならない。それでも身体拘束しか方法がないと判断された場合は、利用者本人とその家族にきちんと事情を説明し、同意書にサインをもらわなくてはならない。

これらがひとつでも欠けた状態で身体拘束を実施することは、虐待にあたる。身体拘束は、利用者の生活の質を下げるだけでなく、認知症の悪化につながるおそれもあるため、本当の本当の最終手段であると考えてもらっていい。

そのため、いくら時間がなかったとしても、歩行が不安定な利用者が落ち着かない場合は、安心できるような声かけや対応をしつつ、転ばないよう傍に付き添い、見守ることしかできないのだ。

ちなみに、雑誌や新聞などを渡したり、食器拭きなどテーブルでできる家事をお願いして座っていてもらうのはOK。けれども、そんなことが通じる利用者ばかりでないというのもまた現実だ。

このような実情があるなか、森田さんは利用者の家族へ向けて、「充実した、その人らしい生活をちゃんと送っていますよ」という演出を続けている。散歩になんか何日も連れて行ってあげられていないのに、普段は着せやすい色褪せたカットソーを着せているのに。もちろん、こんな〝演出〟などせず、日頃からきちんと利用者のその人らしさだとか尊厳を保ち、それを継続している施設はたくさんある。これはあくまでも、うちの施設での話だ。

森田さんの振る舞いに、私の正義の心はガッカリした。

家族の前でだけイイ顔しようとすんなよ。てか、それって隠ぺいじゃん。そんなにクレームが怖いのかよ……が、しかし、祖父との面会を思い出したとき――私の頭にはまた別の考えが浮かんだ。

面会に行くと、祖父はいつもきれいな服を着ていた。それは施設の職員さんたちが時間に追われながらも、森田さんのように私たちが来る前に一生懸命着替えさせていたのかもしれない。

しかし、私たちはそんな苦労を想像もせず、ただただ当たり前に「おじいちゃん、元気そうで良かったね」と話しながら帰り道を歩いていた。そして、翌日からまたなんの心配もなく、仕事に出かけることができていた。

〝親や身内を施設に預ける〟ということに対し、後ろめたく思ってしまう人は少なくない。様々な家があるとは思うが、我が家は最初、ちょっと罪悪感を覚えていた。

最期まで家にいさせてあげられなくてごめん、昔はあんなに可愛がってもらったのに、厄介者みたいに追い出してごめん……そんなふうに思う家族に対して、「でも、ここでなんだかんだ楽しくやってるみたいね」と思わせてあげるのは、果たして悪いことだろうか。たとえ現実が伴っていなかったとしても、現に私たちは祖父の様子を見て、いくらか気が楽になったものだ。


面会中、キヨエさんは娘さんの手を握りながら涙を流していた。前回持ってきてもらった、初夏向けのブラウスを着せられている。淡い紫色の小花がプリントされた、涼しげなデザインだ。

「やっぱりそれにして良かった。似合ってるよ、お母さん」

娘さんは、キヨエさんが家でよく食べていたというハッピーターンを置いて帰って行った。

その後のおやつの時間、キヨエさんは手を滑らせてコップを落とした。そして、娘さんが選んでくれたブラウスはココアの茶色で染まった。

幸いやけどはしなかったけれども、床とキヨエさんを拭かなくてはいけない……急いでタオルを取りに行こうとすると、「なんだてめぇ！」と、山本さんと仁科さんが言い争う声が聞こえた。なんで今なんだよ……慌てて仲裁に入る。それが終わると、今度はキノコさんが「殺されるよ〜」と泣きそうな顔で、フラフラと廊下を歩き回る。誰も殺さないって……「大丈夫ですよ」と声をかけても、彼女の不安そうな表情は変わらない。そうこうしているうちに、ヒメコさんをトイレに連れていかねばならない時間だ……キヨエさんのブラウスにできた大きなシミは、すっかり乾いてしまっている。

そんな日々を送りながら、森田さんの〝演出〟が是か非か、私はまだ答えを出せずにいる。

9 ヨウさん一家とお餅と私

年寄りと餅。

この組み合わせをご覧になった皆様は、いったい何を想像されるだろう。ずばり、私は「死」なのだが、これを読んでいる多くの方にも、おそらく同じことを思い浮かべてもらえるのではないかと思っている。

ある麗《うら》らかな昼下がり。ヨウさんの奥さんと息子さんが面会にやって来た。

ヨウさんは外国人で、日本語がカタコトの利用者なのだが、台湾語、中国語、韓国語の4か国語が喋れるスーパーグローバルじいさんである。年齢は84歳。奥さんも外国人なので、面会中は母国の言葉で私たちにはわからない会話を楽しそうにしている。

そんなヨウさんの奥さんが、施設の玄関をくぐるなり私にあるものを手渡してきた。腕が落っこちるほど、ずしりと重たい……。それは賞状サイズの、ドでかいタッパーであった。中身は餅だという。しかも、職員への差し入れではなく、ヨウさんに食べさせてくれと言うのだ。

……ヨウさん、何やらかしたんだよ……私は背筋が寒くなった。

「あの、すみません……お餅はですね……」

「ホームベーカリーを買ったら、餅も作れるって書いてあったから！　父は餅が大好きだったんですよ～！　できたてを持ってきました！」

私の話なんか聞いちゃいない息子。その屈託のない笑顔の下には、揺るぎない殺意が張り付いている……もはやそうとしか思えなくなってしまった。

介護の仕事をしていると、「嚥下《えんげ》」という言葉をよく使う。高齢者がしばしば食べ物を喉に詰まらせるのは、咀嚼の力が落ちることに加え、物を飲み込む嚥下機能も低下していくためだ。

だから、食事の時間は利用者の見守りをしっかりおこなわなくてはならない。それぞれの食べるスピード、むせ込みの有無、残したおかずなどを観察し、今の「食形態」はその人に合っているのかどうかを、常に気にかける必要がある。

食形態というのは、字の通り食事の形態のことだ。たとえば生姜焼き定食だったら、ネットで「生姜焼き定食」と検索して出てくるような、そのままの料理の形で出していいのか、肉は噛み切れないので細かく刻んであげたほうがいいのか、ごはんは飲み込みづらそうなのでお粥にしてあげたほうがいいのか、肉も小鉢もミキサーにかけてドロドロにしてあげたほうが嚥下がスムーズなのか……というような選択肢を、利用者に合わせて考える。

ヨウさんは、利用者の中で食べるスピードが一番速い。なので、食形態は「主食：お粥 おかず：極刻み（5ミリほど）」だ。おかずをごはんの上に乗っけてかき込むように食べるので、むせ込みも多い。きょうだいが多かった子ども時代を過ごしたおかげで、おかずを横取りされないよう速く食べるくせがついてしまったのだという。

そんな彼に、大好物のお餅を与えたらどうなるだろう。

どう考えても、やはり私は「死」というワード以外、思い浮かべることができなかった。

「あの～……すみません、私どもといたしましても、ヨウさんに召し上がっていただきたい気持ちはあるんですけれども、その、お餅はちょっと危ないので……」

私の言葉に、ポカンッとした表情の奥さん&息子さん。

喉に詰まる危険があるから、と再度説明すると、奥さんの眉がキュインと吊り上がった。

「うちの人はそんな年寄りじゃない！」

……あのな、ここは年寄りじゃねーと入れない施設だから！

結局、奥さんと息子さんの剣幕に圧されて、私は殺人兵器が格納されたタッパーを受け取ることになってしまったのだった……。

すぐに出勤中の全職員が招集され、緊急会議が開かれた。議論をするまでもなく、結論は、「ヨウさんに餅は食べさせられない」だった。

どれだけ細かく刻んだところでヨウさんはまとめてかき込んでしまうだろうし、かといって5ミリほどに切った餅をひと粒ひと粒出しても、それは「お餅をおいしく食べている」ことになるのだろうか、という方向で話は進んだ。

さて、ここでまた考えなければならないことがある。

ドでかいタッパーにみっちりと詰まったマーダー・ウェポン＝お餅をどうするか問題、である。

「捨てるしかないね」

森田さんが重たい口を開いた。職員が食べればいいじゃん、という意見もあったが、いくらもったいないからとはいえ、利用者へ差し入れられたものを職員が食べてしまうのは、ちょっと話が違う。

結局、ヨウさんに見つからないよう、本日中に中身が見えない黒ビニール袋に入れて捨てる、ということで決定した。

それを任命されたのは、施設へ兵器の立ち入りを許してしまった、この私であった。

実は、お餅は私も大好物だ。我が家には切り餅が常備されているし、フリーズドライの大根おろしもストックを切らさないようにしている。からみ餅の美味さといったら、どれだけ言葉を尽くしても語り切れない。

そんな私が、この手で、無感情に、大量のお餅を葬ることなどできるはずがない……。

そもそも、食べ物を捨てることにかなりの抵抗があるタイプの人間なのだ。昔コンビニでバイトをしていたときには、廃棄の肉まんやチキンをゴミ箱に放り込むことがどうしてもできなくて、可能な限り隠れて胃袋に詰め込んだ経験もある。おかげでめちゃくちゃ太ってしまったが……。

タッパーに整然と並べられた、餅、餅、餅……純粋無垢な質感が、こちらを見上げている。「捨てないで」という声が聞こえるようだ。

私は腹をくくった。

すぐさま小皿と醤油を用意し、可能な限りお餅を胃袋に詰め込んだ。


「ウッ‼」


誰にも見つからないようにと焦っていたせいか、喉に詰まらせそうになる。ここで私が死んだら笑いものだ。しかし、命を持っていかれそうになったとしても、私はお餅を救いたかった……。

君は殺人兵器として人を悲しませるために生まれてきたんじゃない。人を幸せにするために、存在しているんだ……お餅を必死に飲み込みながら、そう語りかけ続けた。

しかし、最終的に、私が救えたお餅はタッパーの3分の1にも満たなかった……。

今後、施設へ身内の面会に行く皆様へお願いがある。

職員に、「これはちょっと……」と言われた差し入れの食べ物は、その場で即座に引っ込めご自宅でおいしく召し上がっていただきたい……本当に、お願いします。

10 ついに来た！コロナ・パンデミック

入職して1年経つか経たないかという頃、新型コロナウイルスの存在がテレビで最初に報道される瞬間に立ち会った。

テレビ画面に映る「速報」という赤い文字、ウイルスの顕微鏡写真……なんじゃこりゃ？というのが最初の感想だった。

インフルエンザが流行り始めると、介護施設の職員は皆ピリピリし始める。手指のアルコール消毒や手洗いうがいは日頃からやっているものの、さらなる入念さをもって感染対策にあたることになる。利用者も予防接種をしているとはいえ、高齢者は体力が低下しているため、万が一感染すれば重症化し命にかかわる場合もある。

また、あのピリピリした毎日が始まるのか……嫌だなぁ、と気が重くなった。

しかし、これは楽観的過ぎた。

日ごと明らかになっていくウイルス関連の情報を知れば知るほど、私の神経は張りつめていった。

高齢者や基礎疾患がある人は重症化しやすい、という報道に加え、特効薬もワクチンも存在しないということは一番の恐怖と言ってもよかった。インフルエンザは予防接種も薬もあるけれど、新型コロナウイルスにはそれがない。しかも、病院はパンク状態。じゃあ、かかっちゃったらどうすればいいの？　……こんな不安を抱えながら、目には見えない敵との戦いの日々が始まった。

マスクやアルコールが入手困難になり始めると、いよいよ大変なことになってきたな、と思った。

畑江家は毎年インフルエンザの時期になると予防でマスクを着用するようになるのだが、毎年の余りでマスクにはさほど困らなかった。同じ理由で、アルコールにもさほど困らなかった。

問題は施設である。

最初はマスクとアルコールのストックがなかなか確保できなかったため、これらは要所で大事に使えという指示が下った。やっと確保できた箱入りのマスクを、職員の誰かがこっそり家に持って帰ってしまったということもあった。なので、マスクとアルコールの在庫は、森田さんにしか開けられない金庫に、現金や大事な書類と一緒に収納されるというバカげた事態にもなった。

施設では、もともとハイターの在庫は潤沢だったため、次亜塩素酸ナトリウム液が消毒に有効であることがわかると、すぐに導入された。そして、テーブルや食事に使用するおぼんはもちろん、手すりやドアノブ、照明のスイッチ、車椅子のハンドルなど、よく手が触れるところの消毒作業がオペレーションに追加された。家族との面会、散歩を含む利用者の外出は全て中止され、一日の流れが徐々に変わっていった。

コロナ禍の初期はまだウイルスに関する情報も少なく、しかし高齢者は重症化すると死に至る可能性が非常に高いという点は明らかだったことから、私たち職員はほぼ命令に近い形で、「不要不急の外出自粛」を呼びかけられた。

こんなに神経が張りつめる毎日なのに、休日にオタク友達とリフレッシュすることも、ゲームのイベントに参加することもできないなんて……と絶望したが、人の命を預かる仕事をしている以上、そんなふうに嘆いてもいられない。「オタク友達とリフレッシュ」も「推し活」も、私にとっては決して不要不急ではないが、何か別の形を考えようと思った。友人たちは皆すぐに私の状況を理解してくれ、通話アプリを使用した〝オンライン飲み会〟に頻繁に誘ってくれた。そこで、「コロナが終わったら、聖地巡礼の旅行とか、アフタヌーンティーとか、焼き肉とか行こう」と、未来の楽しい予定をビール片手に話したり、推しについて熱く語れるのが救いになっていた。

このような日々が続き、うちの施設は約1年間、新型コロナウイルスから逃げ切れていた。

しかし……ついにその魔の手が肩に置かれる瞬間がやって来た。職員→利用者→その利用者のケアにあたっていた職員……という形で、突如クラスターが発生してしまったのである。

感染した職員は自宅療養に入るため、シフトに入れる人員は激減。そのため、感染を免れた森田さん、新卒、他事業所からのヘルプ、私、というなんとも心もとない布陣でそれからの日々を乗り切らねばならなかった。

感染が確定、もしくは疑われる利用者は居室に隔離しなければならない。けれど、そんなことを説明してすんなり理解してくれる利用者は、ここにはいない。居室の鍵は全て内側からも開けられる仕組みになっているので、鍵をかけたところで意味はない……。自分も感染するかもしれないという恐怖は、日ごと増していった。

7月の暑い時期。私たち職員は、薄水色のガウン、フェイスシールド、N95マスク、使い捨てグローブ、携帯用アルコール、足カバーという装備で業務にあたっていた。

当時を振り返ってみると、大変なことは他にもいろいろあったはずなのに、ガウンの中の蒸し暑さがことさら鮮明に思い出される。少しでも冷房の温度を下げようものなら、山本さんを始めとした利用者から「寒い！」「冷房を切れ！」とクレームの嵐。N95マスクは普通のマスクよりも装着が面倒なので、せわしない業務の中では水分補給もあと回しになってしまう。休めないシフトと、感染してはいけないという緊張感、体を蝕む暑さ……よくもまぁブッ倒れずにやり切れたと思う。

いつもと違う職員の出で立ちに、不安を覚える利用者も多かった。

「気味が悪い」「殺される」「今は戦争をしているのか？」「泥棒だ」……など、様々な言葉でその不安を訴えてこられる皆さん。

今はただ、必死にやってるだけなのに……と悲しく思いながらも、洗面台の鏡に映った自分の姿を見て納得した。こんな格好で利用者と一緒にラジオ体操なんかやっていたら、そりゃもうパ○ウェーブ的なアレにしか見えないのである。軽快なピアノの音色と相まって、状況はかなり不気味だった……。

また、保健所からは、「食席が対面にならないように」という指導があった。つまり、これまで向かい合って食事をしていた利用者たちの席替えをしなければならないということだ。

これが本当に大変だった。

「今、外で悪い風邪が流行っているから……」と、どれだけ丁寧に言葉を尽くして説明しても、「そんなことは知らん」「いいよ、私の席はここだもの」と、強いこだわりを見せる山本さんやハナさん。認知症ということもあるかもしれないが、やはりリビングのテレビから流される情報だけでは、実際に外で何が起こっているのかを理解するには不十分なのであると痛感する。

他にも、席の移動をお願いすると、「うるさい！」と怒鳴るヨウさん、移動後の席をすぐに忘れてしまう仁科さん、新しい席ではごはんを食べなくなってしまうキノコさん……いつもならば理解できる彼らのことも、疲労が溜まってくるとそうもいかなくなり、マジでいい加減にしろよ……と思ってしまうことが日に日に増え、対応の仕方にも余裕がなくなっていった。

そんなとき、この苛立ちを一発で解消できる物が届いた。

アクリルのパーテーションである。

これを使えば、食席の移動が難しい人もそのままの席でいられる。私たちはさっそく、リビングのテーブルにパーテーションを設置した。

「こんなのいらん！」

その日の昼食時、トミさんがパーテーションを薙ぎ払った。そして床に落ちたパーテーションは真っ二つに割れた。ついでに昼食が乗ったプラスティックのおぼんも割れた。

休憩中、事務所に入った私はハンカチで口を押さえ、「きえぇぇぇぇぇぇぇぇぇぇぇぇえええええッッッ！！！！」と叫んだ。

あんたらの命をこんなにも大事にしているのに、どうしてそれがわからんのかぁぁぁぁッ‼　……と本人たちに言ってやりたいが、言ったところで状況は変わらない。むしろ悪化する。

私はこっそり携帯ゲーム機を取り出して、乙女ゲームを起動した。精神の安定を保つためには、推しに逃げるしかない。推しの声、推しの笑顔、推しの言葉……これらがなければ、おそらく心がめちゃくちゃに壊れていただろう。私はもう、ロードローラーにでも轢かれてペラペラになり、コロナが存在しない二次元の世界の住人になってしまいたいと何度も願った……。

この戦いの最中、〝エンタメ不要論〟も何度か目にした。コンサートやイベントが軒並み中止になっていくのは〝情報が少ないウイルス〟という特性上、仕方のないことだったとも思うが、そこに「今はそれどころじゃない」「不謹慎だ」という、エンタメの根幹自体を否定する意見が上乗せされているパターンの多いこと。

そうした意見を聞くたび、私は「本気でそう思うのか？」と、そいつの肩をガクガク揺さぶってやりたい気持ちになった。

当時大変な思いをしたのは、もちろん介護施設だけではない。医療現場はきっと、ニュースで聞く情報以上に過酷だっただろうし、保育園・幼稚園や学校関係……など、特に人の命を預かる仕事に就いている人たちは、少ない情報を頼りにその身と心を削って戦い抜いたはずだ。

笑う余裕も、幸せを感じる余裕も失われつつあった大変な時期に、そうした人たちだけでなく、多くの人々の心に再び潤いをもたらそうと試行錯誤してくれたエンタメ業界の取り組みが、〝不要〟だったとは私には思えない。少なくとも私個人は、音楽やゲーム、アニメや本がなければ、きっと過酷な日々を戦えなかった。

できることが限られていく中、あらゆる手段を使って私たちに元気と心の栄養を届けて下さった、エンタメや娯楽、ゲーム業界に身を置く皆さま。あなた方には、どれだけ感謝してもしきれません。おかげで私は頑張れました。幸せを感じることができれば心にも余裕が生まれ、穏やかな気持ちで仕事に臨むことができました。

もうこれ以上頑張れない。そう思ってしまう日々の中、心を支えて下さったことに、この場を借りて感謝します。

11 虐待についてセンサー＝身体拘束なのか!?

お年寄りを介護するにあたって何を重視し、どんなことを大切にしていくか。それは、介護施設の数、もっと言えば世界中の介護職の数だけ考え方がある。

施設としての考え方は、経営理念として明言されている場合が多い。なので、介護施設への就職を考えている方はまず、就活中にこのあたりをチェックされるだろう。

しかし、理念として掲げられた言葉を額面通りに受け取って、そのまま素直に面接→入職の流れに乗ってしまうのは、あまりオススメできない。

何が言いたいかというと、介護施設へ就職を考えている方は、施設が掲げている理念に共感し、入職を考えるに至ったのであれば、面接の他になるべく施設を見学させてもらってほしいということだ。

そこで実際に働いている人、利用者を見るのは、まさに百聞は一見にしかず。これ以上の大きな情報はない。ぶっちゃけ、理念に共感できるかどうかより、実際に現場を見たときの直感のほうが遥かに大切である……そう感じた私の体験を、これから述べていきたいと思う。


祖父をグループホームで看取ってもらってから数か月後、私は事務職を続けながら介護施設への転職活動をしていた。

人手不足の業界とあってか、私が希望する条件の施設は結構たくさんあった。言ってしまえば選びたい放題である。

給料、研修の有無などはどこの施設もそんなに差はなかった。なので、面接をしてもらったときのフィーリングに頼るしかない。つまり、できるだけ多くの施設へ面接に行って選択肢を増やしておき、その中から一番自分に合いそうな施設を選べばいいと思ったのだ。

人間、30を超えるとこのあたりも冷静に考えられるようになる。そんな具合で、私はある施設へ面接に行った。

その施設が掲げる理念は、「お年寄りの尊厳を何よりも尊重し、最期までその人らしく過ごせるような介護を目指す」「来る日本の超高齢社会を支える存在であり続ける」というようなものだった。

私はこの理念にとても共感していた。なので、なおさら実際の現場がどんな感じなのか、見てみたいと思っていた。

しかし残念なことに、面接へは時間通りに行ったのにもかかわらず、私は30分ほど待たされた。しかも、なんの説明もなしにだ。

……人の時間を大切にできない人が、採用の可否を決められる立場にいる施設。そんな場所に就職して、自分が大切にしてもらえるとは思えない。私はもうこの時点で、「ここは〝ナシ〟だな……」と思っていたのだが、一応形だけでも面接は受けて帰ったほうがいいだろうと考え、応接室で担当者を待っていた。

「すみませ〜ん、遅くなりましたぁ」

ほどなくして担当者が部屋に入ってくる。網タイツをはいていたとか、口紅を塗っていたというわけではないのだが、背格好がどこか映画『ロッキー・ホラー・ショー』に出てくるフランク・フルター博士を彷彿させる男性だった。なんと、施設長だという。

挨拶もほどほどに面接が始まる……。私の本能が、「ここは絶対にやめておけ」とサイレンを鳴らしていた。

この施設長、目が真っ赤に充血している上、やたらキラキラ・ウルウルしているのである。泣いたあとというよりは、プロレスラーの飯伏幸太がプッツンして振り切れているような目つきだ。

……言い知れぬ恐怖さえ感じ始めた私は、もう早く帰りたくて仕方がなかった。しかし、施設の中を案内してくれるというので、いろいろな設備を見ておくのも勉強になるかな……と思い、大人しくついていくことにした。

「うちはねぇ、センサーを1個も入れていないんですよ」

利用者の居室を見せてくれながら、フランク施設長は得意げにそう言った。

介護業界で言う「センサー」とは、利用者の動きを知らせてくれる装置のことである。ベッドセンサー、マットセンサー、シルエットセンサー……他にもたくさん種類があるが、代表的な物はこの3つで、主に職員が手薄な夜間帯、利用者が起きたことを知らせるために使われている。

これらのうち、ベッドセンサーはマットレスの上に敷いて使用する。上体を起こしたときにセンサーが反応し、職員が携帯している受信機に通知がいく仕組みだ。歩行時や立ち上がったときの転倒リスクがかなり高く、特に夜間はベッド上で起き上がった時点で駆けつけないと間に合わない、という利用者にしばしば導入される。

マットセンサーは、だいたいベッドの下に敷いて使用される。歩行は安心できないけれど、起き上がってベッドに腰かけ、両足を床に着けた時点で知らせてくれれば間に合うだろう、という利用者によく使われる。

シルエットセンサーはカメラだ。ベッドを上から映す形で設置され、寝ている利用者が少しでも動くと反応する。転倒リスクが高い人はもちろん、ベッドからの転落のおそれがある利用者に使われることが多い。利用者のプライバシーに配慮し、映るのはその人のシルエットだけだ。顔つきや服の模様まではわからない。

そうした文明の利器を一切使用していないことに私は大きな疑問を感じ、どうしてかと問うた。すると、彼は目をキラキラさせながら、待っていましたと言わんばかりに、「センサーは身体拘束、虐待と同じですからね！　うちの理念には〝お年寄りの尊厳を何よりも尊重する〟って文言がありますから！」と答えた。

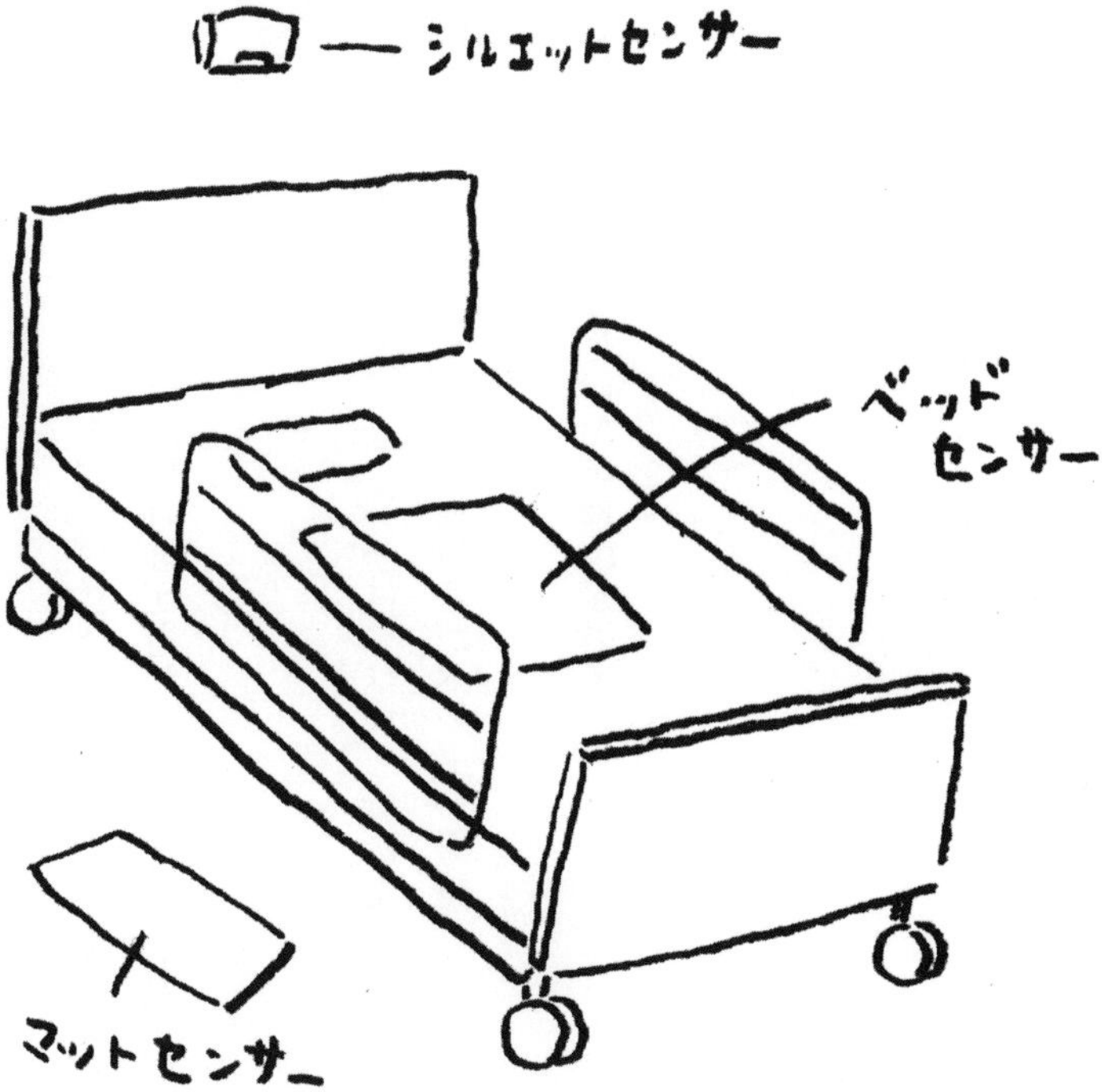
シルエットセンサー
ベッドセンサー
マットセンサー

介護施設でのセンサー使用に関しては、施設によって様々な考え方がある。というのも、センサーは間違った使い方をすると、フランク施設長の言う通り、身体拘束に引っかかってしまうからである。

では、間違った使い方とはどんなものか。

それは、センサーが反応し居室へ駆けつけたときに、「はいはい、転んだら大変だから起きないでくださいね～、寝ててくださいね～」と、利用者がベッドから離れることを許さず、行動を制限してしまった場合だ。

夜間、寝ている利用者が起き上がるのにはだいたい理由がある。

・トイレに行きたい。
・喉が渇いたからお茶が飲みたい。
・朝が来たと思っている。もしくは、もう眠れない。
・外で猫のケンカする声が聞こえたので、ビックリして起きてしまった。

……など、私たちにも覚えがあるようなことが多い。

センサーを正しく使えば、利用者のこうしたニーズに安全・迅速に応えることができる。動き始めた利用者の元にすぐ駆けつけ、トイレに行きたいと言うなら転ばないよう付き添ってあげればいいし、喉が渇いたならばお茶を出してあげればいい。もう朝だから起きる！と夜中の2時に着替えを始めるスーパー早起きさんには、まだ起きるには早いと時間を伝えてあげればいいし、猫のケンカに関しては「ビックリしましたね」と声をかけ、安心させてあげればいい。

センサーは、利用者の転倒・転落を未然に防ぎ、安全を保持するためにはなくてはならないものだ。特に、人手不足の介護業界では……というのが、私の考えだ。

しかし、いくら正しい使い方をしようと心がけていても、状況によっては一瞬で間違った使い方に転じてしまうこともある。

たとえば、センサーが重なってしまったときだ。

グループホームの夜勤は、だいたいどこの施設も1フロアにつき職員1名だが、そんなときに立ち上がったらすぐにコケるレベルの、転倒リスクが激高の利用者が、ふたり同時に起きてしまったらどうするか。

私だったら、自分から見てニーズの軽いほうに、「10分後に必ず来るから、ちょっと待ってて下さいね」と伝え、もう片方の利用者の対応に入る。

トイレに行きたいトミさんと、猫のケンカで飛び起きたキノコさんだったら、前者を優先するといった感じだ。別に猫のケンカでビックリしているキノコさんを軽んじているわけではないが、現場の状況的にはやむを得ない。

けれど、ここでキノコさんが「10分後」を待てない人だったらどうだろう。伝えたときは「わかったよ～」と答えたとしても、それをすぐに忘れてしまう人だったら？　……おそらく、トミさんのトイレ介助にあたっている最中、再度キノコさんのセンサーが鳴ることになるだろう。

そうすると、私はトミさんを便座に座らせた直後、猛ダッシュでキノコさんの居室に向かう。そして、窓の外を見ようとベッドから降りようとしている彼女に、「いま他の人のことをやってるから、ちょっと待ってて下さいね！」と、咄嗟に言ってしまうだろう。

急いでいるときについ言ってしまいがちな、「ちょっと待ってて下さいね」が、実は「スピーチロック」という身体拘束なのである。

「〇分後に来る」など、「いつ来るか」を伝えた上で待っていてもらうのならば、問題ない。

しかし、「ちょっと待ってて下さいね」というのは、利用者からしてみればいつまで待てばいいのかわからないので、自分の訴えを無視された、蔑《ないがし》ろにされたと受け取られてもおかしくない。私たちもきっと、尿意をめちゃくちゃ我慢しているときに、いつ空くのかわからないトイレの前で待つのと、5分後には必ず空くトイレの前で待つのとでは、耐えやすさが違うと思う。

なので、「ちょっと待ってて下さいね」は不適切な声かけとして、介護職に周知されている。加えて、反応したセンサーを利用してこの声かけをしたのだとすれば、理論上は不適切ケア度120％になってしまう。

こんな具合に、間違ったセンサーの使い方はいとも簡単に実現してしまうのだ。目をキラキラさせたこのフランク施設長も、おそらくそういったケースを危惧して、センサーの導入を良しとしないのだろう。

では、夜間転倒リスクが高い人の見守りはどうしているのか……私は疑問をぶつけた。

「それはですね、もう人の目で確認するしかないんです。職員が数分おきに見回って、夜間もきっちり利用者の皆さまを見守っているんです」

「……」

私は彼の目が充血している理由を察した。

しかし、夜に何度も何度も部屋のドアを開けるって、安眠妨害にならないのだろうか……私が利用者だったら嫌だ。それに、たとえ人の目で巡回をしていたとしても、うっかり、「ちょっと待っててくださいね」と口走ってしまったら、その時点でアウトになってしまうんじゃないか……。

重ねて言うが、センサーは本当に便利なものだ。人手不足にあえぐ介護業界が、人材の疲弊と、ひいては離職を防いでいくためにも、利用者の安全を確保するためにも、あったほうがいいものだと私は強く思っている。

ただ、万能というわけでもない。誤報もあるし、逆に感度が鈍っていて反応しなかった、というケースもある。また、職員が電源スイッチを入れ忘れていて、その結果利用者を転倒させてしまったという事故も実際にはあった。

そしてときには、先ほど触れたような〝間違った使い方〟に転じてしまうこともあるだろう。

けれど、夜中に職員が数分おきに居室を見回る……というのは、私にはどうしても現実的とは思えない。

ついでに金銭的な話をすれば、夜間帯にセンサーを導入している施設には、「夜勤職員配置加算」という介護報酬の加算もある。簡単に言えば、センサーを導入すれば国からお金がもらえるよ、という話だ。

しかし、センサーを利用してベッドから起き上がらせない、などの対応を繰り返してしまった施設には、今度は「身体拘束廃止未実施減算」という減算の処分が下る場合もある。

冒頭の話に戻るが、やはり私は施設の中を案内してもらって良かった、と思った。私とは考え方が合わなかったが、フランク施設長の考え方を聞けたのは、介護職として自分の視野を広げるとてもいい機会になった。彼に出会わなければ、センサーがはらむ虐待の危険性を知るのが、もう少し遅くなっていたに違いない。

……だがやはり、私は自分がこの施設で働いているところを、どうしても想像することができなかった。

どちらが正しい、間違っている、という話ではない。ただこうしたミスマッチを防ぐためにも、理念の文言だけで入職を決めないほうがいいと、私は思う。

そして、現在悩ましい存在であるセンサーが、どうやったらホワイトな物として多くの施設に歓迎してもらえるか……考えたところで私にはどうすることもできないのだが、ついつい考えてしまう。

12 続・虐待について 介護職員だって人間だもの……

その日、出勤してきた森田さんに挨拶をすると無視された。表情もムスッとしている。返事くらいしろよと思ったが、腹でも痛いのかなと私はさほど気にしなかった。

休憩時間、彼女は喫煙所でタバコを吸っていた。相変わらず機嫌が悪そうな顔だ。私は、「お疲れさまで～す……」と声をかけ、自分のタバコに火を点けた。

いつもなら、「お疲れさま！」と返事をしてくれるのに、このときの森田さんはうっすらうなずくだけ。

さすがにおかしいなと思ったので、「どうかしたんですか？」と尋ねてみた。

「何が？」

「何がって……朝からずっと具合悪そうにしてるじゃないですか」

しばらくの沈黙。

頭上を行く飛行機の音が聞こえる。長い休みをとって、のんびり海外旅行にでも行きたかったが、この職場にいる以上、それは無理そうだ——そんなことを考えていると、鼻をすする音が聞こえた。

森田さんは、泣いていた。

「えっ⁉ どうしたんですか⁉ すみません、私、何か変なこと言っちゃいました⁉」

ううう……と、彼女はそのまま声を上げて泣き続けた。

私は新しいタバコに火を点けることも、立ち去ることもできずに、ただ森田さんが落ち着くのを待つしかなかった。

森田さんは独身で、実家で自分の両親と一緒に暮らしている。

食事の用意や掃除、洗濯などの家事は全て母親がやってくれていたのだが、半年ほど前から認知症の症状が見られ始めたのだという。

「昨日、母親をお風呂に入れてるとき、バカ！　って怒鳴られて、シャワーでお湯をかけられて……。私、カッとなってほっぺを叩いちゃっ……」

最後まで言い終えることができず、森田さんは嗚咽《おえつ》をもらした。

「利用者さんにはこんなことしたことないのに……私、今までずっと介護の仕事をしてきたのに……それなのに……」

なんと言葉をかけたらいいのか、わからなかった。けれど、やはり認知症、親の介護といったお題は、私が実感している以上に身近なものなのだと、改めて痛感させられた。このときの森田さんの姿は、数年後の自分かもしれないのだ。

森田さんは、自身が介護士であること、母親の認知症がそれほど重度でないことから、施設に入れるとは考えていなかったらしい。自分の経験があれば、母親ひとりくらいの面倒は見ていける……そう思っていたのだそうだ。

この話を聞いたとき、私は介護の仕事に就く前に通っていた講座の先生のことを思い出した。

その先生は、「自分は実の親を介護することはできない」と言っていた。

昔をよく知っているだけに、自分の親が変わっていくことを受け入れられない。他人への介助の場合と異なり、仕事だからと割り切ることもできない。他人だからこそ、介護することができる……介護職を経験した今ならば、この言葉の意味がよくわかる。きっと、もがくほどきつく締まる縄で縛られたように、実の親だからと一生懸命になった分だけ、苦しみの縄で締め付けられてゆくのではないだろうか。

だが一方で、一生懸命ゆえというのは施設の介護職員にも同じことが言えるかもしれない。

昨今ニュースで頻繁に取り上げられる、介護施設での虐待行為。利用者の家族が設置したのであろう隠しカメラの映像がテレビで流れるたび、以前の私は、「なんてひどいことをするんだろう」「こういうことをする奴は、そもそも介護の仕事に向いてない」……と、怒りをおかずにしながら夕飯をムシャムシャ食べていた。

しかし、実際に介護の仕事をしてみて思ったことは、「虐待は絶対にやっちゃいけないけど、正直気持ちはめちゃくちゃわかる」だ。

入職して間もなく、キヨエさんに口の中のごはんを顔へ吹き付けられたとき。あのとき私は、喉詰めをしないよう慎重に食事介助を進めていただけでなく、食べる物の順番や、

お茶と汁物を飲んでもらうタイミングはこれでいいだろうか？　おいしくごはんを食べられているだろうか？　ということで頭をいっぱいにしながら介助にあたっていた。

もちろんそれが介護士の仕事なのだが、そこへあの毒霧攻撃を食らえば、「ふざけんなよクソババア」と、後頭部を渾身の力で引っぱたきたくもなった。

他の利用者に対しても、介助中に叩かれたり引っ掻かれたり暴言を吐かれたりすると、確かにイラッとしている自分がいる。

たとえば、便失禁をした利用者がいたとする。

水っぽい便で、お尻だけでなく下肢全体にわたって便で汚れていたとする。そうすると我々介護職は、まず陰部～下肢をキレイにしてあげなくてはいけないわけだが、利用者は便を失禁してしまったことに対してパニックを起こしていたりもする。私だって、自分がいきなり便を漏らしてしまったら大混乱するだろう。そして、そんなの他人に絶対見られたくないし、ましてや人にキレイにしてもらうなんてしんどすぎる。

だから、パニックを起こして大騒ぎするのは仕方のないことだ。そんな利用者の気持ちを落ち着かせるために、「キレイにしに行きましょう」「このくらい大丈夫、なんの心配もいりませんよ」「私に任せて」……と声をかけながら、なんとかお風呂場まで連れて行く。

陰部はきちんと清潔にしておかないと、尿路感染などの様々な感染症に罹患するリスクが高まる。なので、洗い残しがないよう石鹸を使ってしっかりと洗うわけだが、利用者が嫌がったり暴れたりすると、当然その分時間がかかるし、洗浄も満足におこなえなかったりする。その都度、穏やかに声をかけながら進めようとしても、まず聞く耳を持ってくれないこともある。

そんななか、「早くしなさいよ！」「なんでそんなひどいことするのよ！」「人でなし！」と蹴とばされたり、桶や洗面器を投げつけられたらどんな気分になるだろう。

私だったら、「誰のためにやってると思っとんじゃ！」「あんたがちょっと大人しくしてくれればすぐに終わるんだよ！」と怒鳴りつけたい気分になると思う。

その他にも、薬を飲むのが苦手な利用者が薬を床にペッと吐き出して、「苦いんだよ、このバカ女」と言ってきたとき。

歩行が不安定な利用者に付き添っていて、手が離せないときに、「おい、茶ァ淹れろよ！　いつまでやってんだよ、このノロマ！」と他の利用者に言われたとき。

熱中症が怖い時期に、冷房嫌いの利用者から、「冷房切れよ！　グズグズするな！　キビキビ動かないと殴るぞ！」と怒鳴られたとき。

……思い出すとキリがないが、「人の気も知らないでぇぇぇぇぇぇッッ!!」と、業務中利用者にパイルドライバーをキメたくなった瞬間は、これまで何度もあった。

同じような場面に出くわしても、「利用者さんにイライラしたことは一度もないかな〜」と話す先輩職員を見て、「私は介護士失格だ」「やっぱり向いてないんだ」と落ち込むこともあったが、幸いにも私は今まで利用者を怒鳴りつけたこともなければ、パイルドライバーもジャーマンスープレックスも掌底《しょうてい》もキメていない。

その代わり、心の中ではもう言いたい放題&やりたい放題だ。

最近は、それでいいんじゃないかと思っている。

当たり前だが、介護士も人間である。

乱暴な言葉遣いをされたり、暴力を振るわれれば、怒りや悲しみの感情が刺激される。それがたとえ、認知症ゆえのものだったとしても、瞬間的にはカッとなってしまうこともあると思う。

どんなケースでもそうだが、〝刺激された感情〟を否定し、無視し、あるいは抑え続けていると、いつか爆発するときが来る。そうならないためには、まず自分の感情と向き合い、肯定してみることも大事だと思う。攻撃されてムカつくのは当然だし、それは何より心が生きている証拠だ。何も恥じることではない。

心の中でだったら、いくらでも悪態をついていい。聞くに堪えない言葉で言い返しても、ジャイアントスイングをキメても、なんなら場外乱闘に持ち込んだっていい。

大事なのは、それを実際に行動に移してしまわないことだ。そのためだったら、心の中でどんなことをしたって構わない。

声かけの仕方が悪かったんじゃないかとか、その人に合ったケアができていなかったのではないかとか、そういう反省もひとまずあと回しでいい。利用者の顔を見たり声を聞いていたりすると気持ちが鎮まらないのであれば、いったんその場を離れて外の空気を吸ったり、一服しにいくのも手だ。

いつでも優しく丁寧でありたい、穏やかな心の持ち主でありたい、利用者の健康と生活を大事にしたい……など、介護士としてこうありたい、という理想は多くの介護職員が持っていると思う。

けれど、だからこそ、一生懸命やるほど、相手を思うほど、ちょっとしたきっかけで呆気なく鬼になってしまう……。

やってしまったことは許されないが、ニュースになってしまった介護職員のなかには、きっとそんな人たちもいたんじゃないだろうか。

数日後、森田さんから、「母を施設に入れることにした」と報告をもらった。ちょっとさみしそうな、悔しそうな口ぶりだったけれど、どこかホッとしたような顔つきだったのも忘れられない。

13 とんでもねえ派遣職員・吉見さん

「立ち上がらないでって、さっきも言ったでしょ！」

「どうしてそういうことするの！」

「も〜〜ッ！　入れ歯をコップに入れないでって、何回言ったらわかるのよ！」

私が入浴の介助を終えてリビングに戻ってくると、そんな怒鳴り声がキンキン響いていた。１週間前に派遣で入職してきた吉見さんが、利用者におやつを出しているところだった。

吉見さんは50代半ば。介護職としてのキャリアは30年以上で、特別養護老人ホームやデイサービスで正職員として働いたあと、派遣職員になり、いろいろな施設を転々としている。

彼女を採用した森田さんは、「今度の人は期待できるよ。経験も豊富だし、すぐに仕事を覚えられると思う。それに、言葉遣いもすごい丁寧なんだよね」と言っていたが、私はまだそのどちらも実感してはいなかった。

「あの～……吉見さん、ちょっといいですか」

「はい？」

「利用者さんへの言葉遣いについてなんですけど、その、えっと、もうちょっと優しくお願いしてもいいでしょうか……行動を抑制するような声かけは、身体拘束にもなってしまうので……」

自分より年上の人に対して、このような注意をするのはとても勇気がいる。しかも、吉見さんは年齢だけでなく、業界歴でも私の大先輩なのだ。きっと、昔の私だったら、マズいとは思いながらも何も言えなかったと思う。

しかし入職後、慌ただしい日々でもみくちゃにされるうち、私の性格は明らかに変わった。職員も、利用者も、ガンガン自分の主張をする人たちばかりだったからだ。言ったらイラッとされるかな、とか、こんなふうに思われるんじゃないかな、とか、そんなことは言っていられない。私も自分の主張をしっかりとしていかないと、思わぬ方向へ流されていってしまうし、よいケアについて考える機会だって生まれない。何より、人生の一部と人命を預かる仕事をしているのに、自分が周りからどう思われるかなんて怖がっていては、本末転倒だろう。

「あーはいはい、わかりました」

わかりました、と返事をして吉見さんの業務態度が変わったことは一度もない。

キンキン声で、「○○しちゃダメでしょ！」と叱りつけられる利用者は、皆ポカンとしていた。なかにはビクッと肩を震わせたり、怒り出す人もいた。

そんな光景を目にするたび、私のメンタルは確実に削られていった。

介護とはいったいどうあるべきか――実はこの問題は、業界のなかでも常に変化している。介護者主体のケアから、利用者主体のケアへ、生活の質を追求するケアへ、その人を尊重するケアへ……。

変化が続くなかで、数年前の常識がいつの間にか「不適切なケア」と呼ばれるようになり、完全に過去のものとなっていることも少なくない。

なので、言葉遣いひとつとっても、介護職は固定観念にとらわれず、柔軟な頭で常識をアップデートしていくことが求められる。どうすれば、利用者により豊かな生活を送ってもらえるか……介護の歴史は比較的浅いということもあり、実はこのあたりはまだまだ手探りの部分も多いのだ。

しかし、ある程度のキャリアを積んでいると、このように柔軟に考え方を変えるのが難しくなってしまう人もいる。どんな仕事でもそうだと思うが、彼らには彼らの時代のやり方が染みついてしまっている。

それを「古臭い職員」と一蹴することは簡単だが、一方で私は仕方のないことだとも思う。それは、80、90歳の利用者たちの、昔の価値観を尊重したり、これまでの生活を大事にしていくという仕事に就いているのだから、そういった考えを手放せない職員に対しても、白い目で見たくないという気持ちでもある。

けれども、利用者が委縮してしまうのは問題だ……どうすれば吉見さんが、今の時代のこの職場でイイ感じにやっていけるか、私は帰り道にいつも考えていた。

……数日後、私は驚くべき光景を目にすることになる。

「山本様、お茶が入りました。熱いのでお気をつけてお持ち下さい」

「ミエさん、もし良かったら私と一緒にお手洗いへ行きませんか」

「皆さま、お食事の時間ですよ。本日はビーフシチューとキノコのサラダです。どうぞお召し上がり下さい」

どこのホテルのコンシェルジュがこんなセリフを言っているのかと思ったら、それは吉見さんだったのである。

「吉見さん、頑張ってますね！」

事務所から出てきた森田さんに声をかけられ、「はいッ！　仕事もようやく覚えてきました！」と、元気ハツラツに返事をする吉見さん……なんと……吉見さん、すごい‼　本当に、めちゃくちゃ頑張ってる！

自分のなかに染みついたやり方を急に変えるなんて、誰でもできることじゃない。私は感動のあまり涙が出そうになった。

「じゃ、その調子で頑張って下さい。私は今から買い出しに行ってきますから」

ニコニコしながら、森田さんがリビングから出て行く。それを見送る吉見さんも、うれしそうに笑っている。

なんだか今日は、すっごくよい一日になりそうだ——私もつい笑顔になりながら、昼食のビーフシチューが乗ったおぼんを配膳していった。


「ちょっと！　なんでこぼすのよ！」

「あーあーあー、手で食べないでってば！」

「だから‼　入れ歯をコップに入れないでって何回も何回も言ってるでしょ！」

その5分後、コンシェルジュ吉見はどこかへ消え去り、代わりにいつもの吉見が姿を現した。

このとき、私は全てを理解した。

吉見さんは、施設長である森田さんがいるときだけ、ああなるのだと。

……感動した私がバカだった。っていうか、優しい言葉遣いができるならずっとそうすればいいのに……。

「吉見さん、さっきの言葉遣い、とても素敵でしたよ」

「は？」

「振る舞いが、なんていうか、一流ホテルの人みたいで……」

「あ、そうですか……あっ、コラ！　ヨウさん、靴を脱ぐなって何回言えばわかるの！」

「……」

仕事を終えた帰り道、私はイヤホンで推しのキャラソン（アニメやゲームのキャラクターをイメージして作られた楽曲。主にキャラの声優さんが歌っている）を爆音で聴きながら、ときどき歌って歩いた。

吉見さんのことは、考えなかった。

14 必殺技はあの言葉……モンスター新人襲来！

本書初めのほうで、グループホームには1フロアにつき9名の利用者が生活していると書いた。うちの施設は2階建てなので、合計18名の利用者が入居している。

私は1階の職員だが、万年人手不足のこの施設では、「自分のフロアの利用者のことだけ介助できればいい」というわけにもいかない。2階で職員が不足していればヘルプに行かなくてはいけないからだ。

ヘルプはだいたい1か月に一度はあり、期間は人員の不足具合により一日～2週間ほどとバラつきがある。もちろんこの逆もしばしばあり、1階の業務を2階の職員に助けてもらうときもある。

最初は慣れない利用者の対応に苦戦したが、しばらくすると私はヘルプが結構好きになった。理由は、気分転換になるからだ。

これは、そんなふうに2階へヘルプに行ったときの話である。

2階には、ほぼ寝たきりのおばあさんがいた。名前はヒサコさんといって、年齢は94歳。黄ばみのない真っ白な髪の毛が特徴的で、顔立ちはお雛様のような純和風。この頃は体重が40キロ前後しかなかったが、甘い物が大好きで、半年前は50キロ以上あったという。ちなみに、ここへ来る前は夫婦で和菓子屋をやっていたらしい。

ヒサコさんは下肢の筋力がかなり弱っているため、もう立つことはできない。なので、排泄はベッドの上でオムツを交換しなければならない。

加えて、彼女のお尻には5センチ×5センチほどの褥瘡《じょくそう》があった。進行具合は5段階で言えば3、前に紹介したトミさんと同じくらいの程度だ。傷の処置は、定時のオムツ交換のタイミングでおこなうことになっている。

お湯と石鹸で傷を洗浄し、薬を塗ってガーゼで保護して完了……血で汚れた交換前のガーゼを見るたび、「体位交換」をもっと頻繁に、きちんとやっていれば……という気持ちになる。

体位交換とは、寝返りを自分で打てない利用者に代わって、職員が体勢を変えることだ。職員同士の会話では、「体交」と略されることもあり、一般的に2時間に1回実施するのが原則とされている。というのは、体の一部に長時間圧がかかり続けると褥瘡になりやすいからだ。それに、2時間同じ体勢で横になっているのは、想像してみると結構キツい。

ヘルプに入っている期間、私は中島さんという22歳の新人職員と組むことが多かった。入職して3か月ほどの彼女は、業界未経験とは思えないほど、利用者とのコミュニケーションが上手な人だった。

リビングはいつでも笑い声にあふれ、ちょっと気難しい人でも中島さんが声をかけるとすんなり耳を傾ける……利用者とのコミュニケーションに苦戦した私からすれば、非常に勉強になることばかりだった。中島さんの声かけの仕方やワードチョイスに聞き耳を立て、やり方を丸パクりしたことも一度や二度ではなかった。

そんなある日、私はあることに気がついた。

中島さんと組んでいるとき、高確率でヒサコさんの失禁に当たるのである。それに、褥瘡を保護しているガーゼもかなり汚れている……。私は中島さんに、オムツの交換と褥瘡の処置を飛ばしていないか確認した。

「え、ちゃんとやってますよ!」

……そんなふうにまっすぐ答えても、ヒサコさんのオムツとガーゼを見れば、彼女が嘘をついていることは明白だった。

後日、中島さんがオムツ交換のためにヒサコさんの居室へ入って行ったのを確認すると、私は洗い物の手を止めて近くで待機した。

彼女は1分ほどで出てきた。そして、私の顔を見るなりギョッとした顔つきになった。

「中島さん、私これから汚物室に行くから、ついでに今使った陰洗ボトル消毒してきますよ」

「い、いや……いいです、自分で行きますから」

「遠慮しないで、ついでだから。貸して下さい」

「陰洗ボトル」とは、中に入れたお湯で陰部を洗浄する道具だ。ペットボトルの口にジョウロの先っぽのようなキャップがついているので、寝たきりの人や体調不良でお風呂に入れない人も、ベッドの上やトイレで陰部を洗うことができる。

ヒサコさんの褥瘡の洗浄も、この陰洗ボトルを使っておこなう。1回使うごとにボトルをハイターで消毒しなければならないので、私がそれをやっておく、と申し出たのだ。

「自分でやるからいいです！」

かたくなにボトルを渡さない中島さん……絶対おかしい。

と、そのとき、リビングにいた利用者が中島さんを呼んだ。トイレに連れていってほしいと訴えている……。「あなたにお願いしたい」という指名。それは、彼女がこの3か月で築いてきた信頼関係の証だ。

「行ってきて下さい」

私が手を差し出すと、中島さんは観念したように陰洗ボトルを手渡した。

想像していた通り、ボトルには使ったとは思えないほど、たっぷりとお湯が入っていた。

ヒサコさんの状態を見ると、オムツは尿で、お尻のガーゼは血で汚れたままになっている。

トイレ介助を終えた中島さんを呼んで、私はわけを尋ねた。

入ったばかりでオムツの交換を手際良くおこなえず、時間がかかる。それに褥瘡の処置がプラスされれば、もっと時間がかかってしまう。他にもやらなくちゃいけないことがたくさんあるのに、これらをおこなっているとその時間がとれなくなる。

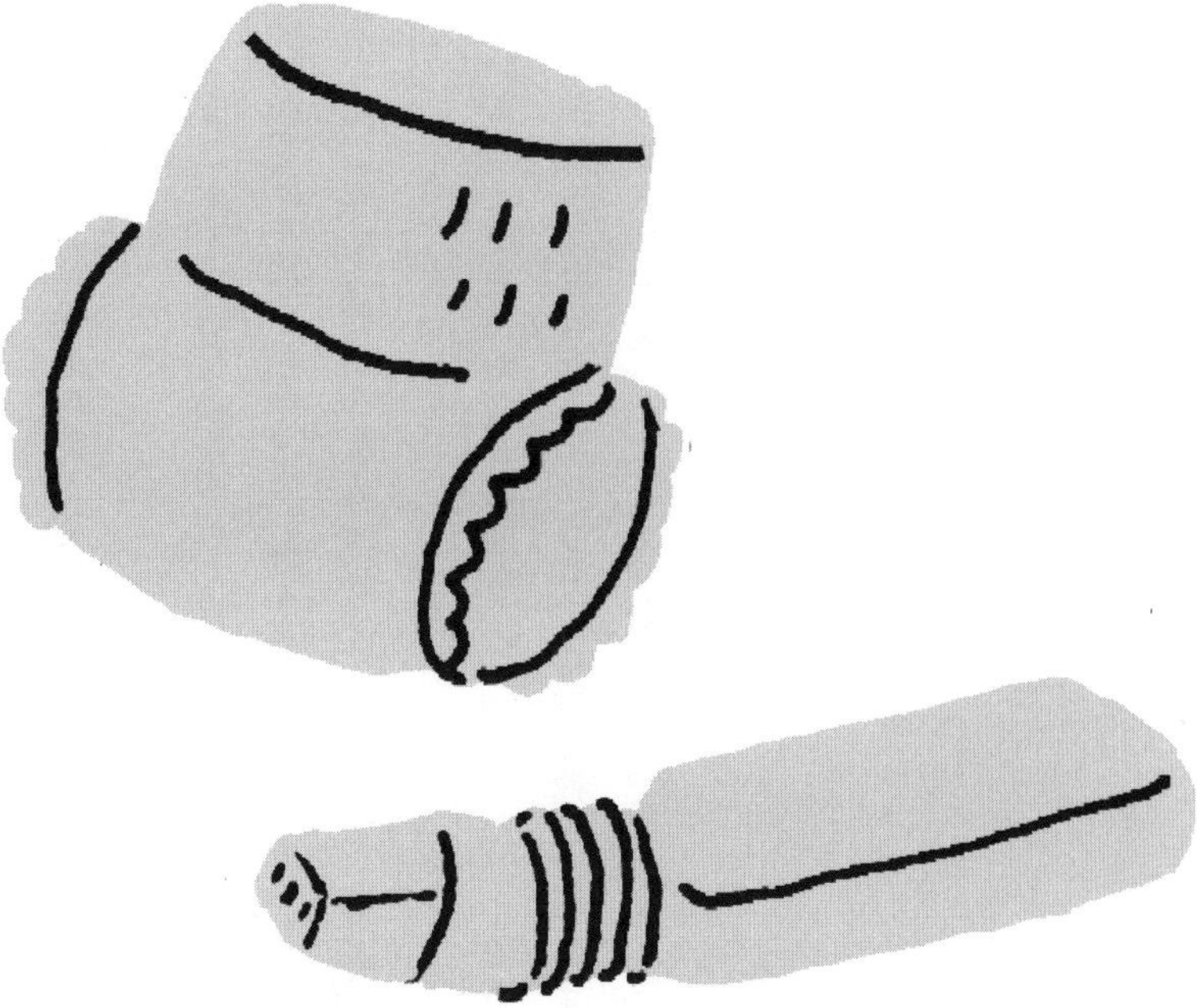

……これが、中島さんがヒサコさんのオムツ交換と褥瘡の処置をサボっていた理由だった。

私は陰部の清潔を保持すること、つまりオムツの交換がどれだけ大切かを説明した。褥瘡は臀部《でんぶ》にあるので、オムツに染み込んだ尿が後ろに回ると、傷が悪化することも伝えた。

「オムツ交換の手技に不安があるのなら、良かったら今教えますよ。だから、一緒にやりましょう」

入ったばかりの頃は、私も慣れないオムツ交換にかなり時間がかかっていた。中島さんの焦る気持ちもよくわかる。けれど、何度も何度も繰り返すうち、自然と速くできるようになった。今では10分もあれば終わる。これはもう、とにかく回数を重ねて慣れるしかない。やらなければ速くならないのだ。

中島さんは、終始無言で俯いている。

「中島さん？」

「……よ」

「え？」

「ロウキ行きますよ‼」

一瞬、私は彼女が何を言ったのかわからなかった。その顔は真っ赤になり、涙が頬を伝っている。

「えっと……ロウキって、労働基準監督署のことですかね……」

中島さんは、呪文のようにロウキ、ロウキ、と言い続けた。

私も心の中で、「キレちゃダメだ、キレちゃダメだ」と、怒り、いや、碇《いかり》シンジのように呪文を唱え続けた。ちなみに〝エヴァ〟だと私は加持《かじ》さん推しである。

「労基に何をしに行くんでしょうか？」

「今の、不当な指導を訴えます」

怒られたら、労基って言え……友達からそんなふうに吹き込まれたのだろうか、あるいはネットで得た中途半端な知識だろうか。

どちらにせよ、私はだんだん中島さんが「使徒」（『新世紀エヴァンゲリオン』に登場する謎の敵生命体）に見えてきた。なんならビーストモード（〝エヴァ〟のリミッターが解除されること）を発動させ、「黙らっしゃい、このクソガキがぁぁぁぁぁッッ‼」とキレ散らかしてやろうかと思った。

しかし、ヒサコさんが横になっている手前、そんな真似はできない。目の前に立ちはだかる使徒に対し、私は冷静に切り返すことを選んだ。

「ＯＪＴで習ったはずのことをやっていなかったので、もう一度教えた……というのは、不当な指導だと思いますか？」

「……」

その後、私は中島さんと一緒にヒサコさんのオムツを交換し、褥瘡のガーゼを交換した。彼女は私の手技をしっかりと見て、きちんと説明に耳を傾けてくれた。

しかし、昼休憩を過ぎても中島さんは戻って来なかった。そして、そのまま施設に来なくなった。

私は森田さんに怒られた。

指導するときの言い方が悪かったんじゃないかとか、彼女のプライドを傷つけたんじゃないかとか、そんなことを並べ立てられて。

結果的に中島さんは来なくなってしまったので、きっとそうなのだろう。

中島さんを気に入っていた利用者にも、悪いことをした。

けれど、あれ以上のことは私にはできない……なんだか全てがどうでもよくなり、バカらしく思えた。上司も新人も、ここには使徒しかいない。もはや、私が労基に行きたい気分になっていた。

人を育てたり、指導するのは難しい。もっとやり方が上手な人が指導に入っていれば、中島さんも来なくなることはなかったかもしれない。

……こんな落ち込む気持ちを持ち直せたのは、それから約1か月後。

ヒサコさんの褥瘡が、目に見えて良くなってきたのだ。

できればこの良好な経過を中島さんにも見てほしかったけれど、それはもう叶わない。

15 私と聖飢魔Ⅱ もうひとつの志望動機

「プロローグ」では、私が介護の世界に飛び込んだ理由として、慢性的な人手不足に悩まされる介護業界の、その一員となり、業界を内側から支えたい……というような、一見立派な志望動機を述べた。

しかし実は、私にはもうひとつの動機があった。

……志望動機というよりは、モチベーションと言ったほうがいいかもしれない。しかも、自分で言うのもなんだが、かなり常軌を逸したモチベーションである。

それは、「ある日突然、聖飢魔Ⅱの皆さまが入居してきても、慌てたり戸惑ったりせず、最適なケアを提供できるような介護士になりたい」だ。

これはいったいどういうことか、詳しく書いていく前に、まずは私と「聖飢魔Ⅱ」について語りたいと思う。


聖飢魔Ⅱと出会ったのは、私が9歳の頃。

夜の音楽番組に出ていた彼らをたまたま見て、雷に打たれたような衝撃を覚えたのだ。


なんだ……この人(悪魔)たちは……！

めちゃくちゃカッコいい……！

いや、待て。カッコいいだけじゃない……曲もすごく素敵……！


私は大好きなルマンドを食べるのも忘れて、テレビに釘付けになっていた。

彼らの演奏は、『蝋人形の館'99』の1曲だけだったので、演奏が終わってしまうと、「もっと聴きたいのに！」と悶々としてしまったのをよく覚えている。

私は聖飢魔Ⅱというバンドを、もっと知りたくなった。けれど、この頃はまだそれほどインターネットもパソコンも身近ではなく、子どもだった私が知りたい情報に手軽にアクセスできる時代ではなかった。

それからしばらく経ったある日。

畑江家は週末の買い出しに、車で近所のスーパーマーケットに来ていた。

ここはちょっとしたゲームコーナーや本屋が入っている、比較的大きなスーパーだったのだが、CDショップの前を通りかかったとき、私の心臓がドン！ と鳴った。

店頭に、聖飢魔IIの『蝋人形の館'99』の小教典（シングル）が、ズラリと並べられていたのだ。

「あぁっ！ 聖飢魔II！」

私が売り場に駆け寄ると、傍にいた父が「お？ お前、聖飢魔IIなんて知ってるの？」と驚いたように言った。

聖飢魔IIのデビューは1985年。そして、解散は私が彼らと出会った1999年の12月。だから、私はまったく同世代ではないのである。

父は私からことの次第を聞くと、「そっかそっか、そうだったのか」とニコニコして、売り場から『蝋人形の館'99』を1枚手に取り、そのままレジへ持って行った。

そして、帰宅したあとに自分のCDラックから『WORST』という、いわゆるベスト盤を取り出し、さっき買ってくれた『蝋人形の館'99』と一緒に、私に差し出した。

「お前にやる」

なんと、父も聖飢魔Ⅱを聴いていたのである。

私はこのとき初めて、父が音楽好きだということを知ったのだ。

それからの日々、私は父からもらった『WORST』を聴きまくった。そして、お小遣いを貯めて過去の教典（CDやVHSなど）を、少しずつ買い集めていった。

新品で手に入らない物は中古ショップを利用し、誕生日やクリスマス（悪魔的にはけしからん行事であることはわかっていつつ……）など、何か買ってもらえる機会は全て聖飢魔Ⅱ関連の品物をねだった。


月日は流れ、中学に上がる少し前。私は創作活動を始めた。

もともと作文や読書感想文など、文章を書くことは好きだったが、突然、今までに感じたことのない衝動に突き動かされ、何か物語を書いてみたいと強く思ったのだ。その衝動の中身は、聖飢魔Ⅱが音楽という手段を通じて見せてくれた〝世界〟であったと思い出すことができる。

早い話、「私も何か、風景が思い浮かぶようなものを作ってみたい！」と思ったのだ。学校の宿題や授業で、先生に言われて書くのではなく、書いてみたい！　と自分で思った。これは、私にとって初めての「何かからインスピレーションを受けて文章を書く」という体験だった。

時間も、食べることも忘れて、私はノートに文字を連ねていた。創作や、何かから影響を受けることがこんなにも楽しいとは思わなかった。

そうして3日ほどかけ、私は聖飢魔Ⅱの『白い奇蹟』という曲をイメージした小説を書き上げた。

読み返してみると、「もっとここを上手く表現したい」「もっと伝わるように書けるようになりたい」と、モヤモヤした。

それから、今まで手に取らなかった種類の本も、自然と読むようになった。思い通りに書けない自分がもどかしかったけれど、音楽や活字の世界を通じて、自分が知らなかった言葉や表現に触れていくのは、とても心躍る時間だった。

すっかりハマってしまった私は、中学にあがり文芸部に入部。

Hard Rock

自分の好きな世界をひたすら書き続けた結果、文化祭の劇の脚本など、「書く」ことに関しては、まず最初に声をかけてもらえる学生になっていた。

この頃になると、他の音楽もいろいろ聴いていたが、聖飢魔Ⅱがなかったらこういう楽しい時代を送れなかっただろうし、突き詰めれば今の私はない。

そんな調子で私は中学を卒業し、高校生になり、やがて社会人になった。

高校時代は初めてできた彼氏との関係に悩んだり、社会人になれば仕事が上手くいかずに消えてしまいたいと思ったときもあった。

けれどそういうとき、私の傍には必ず聖飢魔Ⅱがいてくれた。

歌詞に励まされたり、曲の勢いや爽快感に背中を押してもらった日もあった。深酒に溺れる夜を、うっとりするようなギターソロで包んでもらったこともあった。

どれだけ聴いても、聖飢魔Ⅱに飽きてしまうことは一度もなかった。

繰り返しになるが、聖飢魔Ⅱがいなかったら今の私はない。それはつまり、今こうして文章を書いて「楽しい」と感じている私がいないということである。

話を戻そう。

そんなわけで、私は自分をこのように育ててくれた聖飢魔Ⅱという存在に——もっと言えば、彼らを育て、支えた全ての世代に対しても、微力ながら何かできることはないかと考えていたのだった。

構成員（メンバー）の皆さまは10万歳を超えていらっしゃるが、トークシーンでの話題や言葉選びを聞いていると、おそらく世を忍ぶ仮の姿では私の両親と同じくらいの時代に、青春時代を過ごされたのではないかと推察している。つまり、私の両親とは同世代。

9歳だった私に『WORST』をくれた父も、ついこの間、介護保険証を受け取った。私の親世代が介護サービスを利用し始める時期は、もうすぐそこまで迫ってきている。そういう時期がやって来たとき、私は胸を張って「お任せ下さい」「今度は私が支えます」と、言えるようになりたかったのだ。

私は仕事中、しばしば利用者のことを、「構成員の皆さまの親世代」として見ていた。この世代がいなければ聖飢魔Ⅱも存在しなかったのだと考えると、人生のラストステージを穏やかに楽しく過ごしてもらいたいという気持ちが一層強まる。

今後、私が介護士として構成員の皆さまに直接関わる機会があるかどうかはわからないが、万が一そういうことになったら、自信のない顔はしたくない。

これが、私のもうひとつのモチベーションである。

お気づきになった方もいらっしゃるかと思うが、そういう意味で言えば、実は介護の仕事は私にとって〝推し活〟の一環なのであった。

第3章
地雷

16 介護施設の夜勤について

「介護施設の夜勤」と聞いて、どんなイメージをもたれるだろう。

キツい？
眠気との闘い？
お化けが出そう？
漫画読み放題&ゲームし放題？
センサーコールが鳴りっぱなし？
ひとりで気楽？

……いろいろなイメージがあると思うが、このあたりの実情は施設によって異なる。そこにどんな利用者が入居しているかで、夜勤の難易度や雰囲気はガラリと変わってしまうからだ。

同業者の話を聞くと、うちの施設はそれほど大変ではなかったかもしれない。入居者の入れ替わりがあっても、トイレに連れていってあげなくてはいけない人はいつも4人くらいだったし、急に精神が不安定になって暴れ回るような人もいなかった。

けれど、それでもゆっくりできる時間はほとんどない。

定時の巡回や利用者の介助以外にも、掃除、洗濯、書類の作成、薬のセット、朝食の準備……など、とにかくやることが多いのだ。

夜勤シフトは17時から翌日10時まで。

労働基準法では、「使用者は、労働時間が6時間を超える場合においては少なくとも45分、8時間を超える場合においては少なくとも1時間の休憩時間を労働時間の途中に与えなければならない。」とされているため、労働者である私はこの17時間のうち1時間は休憩を取らなくてはならないのだが、はっきり言ってそれは無理だ。なぜなら休憩時間とは、「完全に労働から離れた状態」を指すが、休憩中にセンサーが鳴ればすぐに利用者の元に駆け付けねばならないし、歩行が安定している利用者であっても、起きていれば見守りをしなくてはならないからだ。私は心配性なので、食事中もシルエットセンサーの画面から目を離せないし、何かあったときすぐに起きられなかったらどうしようと思うと、怖くて仮眠もとれなかった。

不眠や頻尿という問題を抱える9名の利用者が、全員1時間は起きてこないという状況はめったにない……にもかかわらず、グループホームの夜勤はどこの施設もだいたいワンオペなので、「完全に労働から離れる」ことは基本的にはできないのだ。労働基準法的にはアウトである。

この17時間はほとんど動きっぱなし。特に掃除中は、とにかく汗をかく。私は暑がりなので、冬でも冷房をつけて仕事をしていた。

病院とは少々異なるが、グループホームも人が亡くなる場所であることに変わりはない。お恥ずかしい話だが最初の頃は、「お化けが出るかもしれない」というのが一番の不安要素だった。

しかし、そんな恐怖はすぐに消滅した。

なにせ、常に時間に追われているのだ。お化けを怖がっている余裕なんて1ミリもない。なんなら、「出てきたらこき使ってやるからな」と、いつの間にか落語『化け物使い』に出てくるご隠居くらいの気持ちになっていた（そんな気迫を察知してか、彼らは今まで私の前に一度も姿を見せていない）。

……なんだかんだ慣れてくると、私は夜勤が好きになった。

もともと夜型で昼間起きているのが辛いタイプの人間なので、入りが遅くていいのはまず助かるポイントだ。

加えて、うちの施設で採用されている、いわゆるロング夜勤は、明けの翌日は休みになる。基本的に「夜勤（一日目）→明け（二日目）→公休」でワンセットのシフトだ。だから、明けの日と合わせれば、ほとんど2日休みのようなものなのだ。このお得感といったらない。

そう、何より最高なのは、明けの解放感だ。

もうこのあとは、何をするのも自由……と思うと、私はついつい近所のコンビニで、缶ビールと汁なし担々麺を買ってしまう。体に悪い、太るとわかっていても、これだけはやめられない。

　舌を刺すような辛味を、ビールで一気に流し込む……想像すると、今このときでさえコンビニに走りたくなる。それくらい、たまらない瞬間だ。缶ビールと汁なし担々麺は、私にとってはもはや自由の象徴でさえある。

　ちなみに、他のおつまみは基本的には買わない。担々麺は汁なしをチョイスすることによって、これ以上ないほどのおつまみになるからだ。

　17時間働いたあとのシャワー、からのビール！　……おっさんか⁉　というツッコミは自身でなんべんもした。もうおっさんでもいい。それほど至福の時間なのである。

いい感じに酔っ払ったあとは、サブスクで好きな映画を流しながら気絶するように眠る。この時点でだいたい13時くらい。夜型人間がよく眠れそうな時間帯だ……私はマリアナ海溝よりも深い眠りに落ちる。

そして19時頃、「あ～」とか言いながら起きてきて、ボーッとタバコを吸う。さて、まだ自由な時間がたんまりある……そうだ、推しに会いに行こう、という具合で乙女ゲームを起動する。ここからだいたい朝方までプレイして、また寝る。

……書いていてスゲー駄目な人間だなと思ったが、ここまで駄目な大人を満喫できるのも、夜勤ありの介護職の魅力である。

人によっては、夜勤明けでいったん仮眠をとって、友達や恋人に会う予定を入れる方もいらっしゃるだろう。森田さんも、昔は明けの日の夜に飲み会やデートの予定を入れていた、と話していた。

ものすごいガッツだと思う。私には真似できない。

友達と遊ぶのは大好きだし、リアルの彼氏がいれば会うために頑張って時間をつくるようになるのかもしれないが……、私は少なくとも明けの日は、外出する気になど到底なれない。翌日の公休日ならばともかく、明けの日の解放感はひとりきりで思う存分楽しみたいのだ。

……ま、駄目な奴になるかどうかは人それぞれということである。

施設・雇用形態によっては「夜勤専従」という、夜勤専門の働き方もある。

これを読んでビビッときた、夜型人間のそこのアナタ！　介護施設の夜勤、やってみませんか？

17 恐るべき事態 センサーが重なりまくる夜

先ほどは夜勤の魅力的な部分について書いたので、ここではその逆のことについて触れていきたいと思う。

私が夜勤で一番イヤだったのは、センサーが重なること……つまり、歩行が危ない人らが同時に起きてしまうことだった。

しかし、こればかりは彼らのタイミングなので、私にはどうすることもできない……。各々の居室にダッシュし、どうしたのか事情を尋ねる。対応の優先順位、段取り、この状況で発生しうるリスク……そういったことを頭の中で瞬時に組み上げ、どうすればいいのかを判断する。

私の頭って、こんなに考えられるんだ、というくらい脳がフル回転する。まるでパズルゲームのようだが、そりゃもう疲れる。

……そう、キノコさんを転ばせてしまったのも、そんな夜だった……。

午前2時。

キノコさんのセンサーのアラーム音『メヌエット』が高らかに鳴り響いた……かと思うと、途中でトミさんの『エリーゼのために』に切り替わった。

数秒の差ではあるが、先に鳴ったのはキノコさんのセンサー。つまり、彼女はもうすでに上体を起こしきり、ベッドから降りようとしている可能性が高い……。私は床掃除をしていたモップを放り、急いでキノコさんの居室へ向かった。

案の定、室内履きを履きかけていたキノコさんは、私の顔を見るなり、「おしっこ」と、ちょっと恥ずかしそうに言った。

「わかりました。3分したら必ず戻って来るので、ちょっとだけ待っていてもらえますか？私と一緒に行きましょう」

「あいよ〜」というキノコさんの返事を聞いて、私は猛ダッシュでトミさんの居室へ向かった。

「明日、朝から旦那と一緒に銀座の三越に行くことになっているんだけど、待ち合わせの時間を間違えているといけないから、電話で確認してほしいのよ。今すぐに」

……入室して声をかけるなり、現実と嚙み合わないことを口にし始めるトミさん。急いでいるあまり、私はつい、「旦那さんは10年前に亡くなったじゃないですか」と言いそうになった。しかしそこはグッとこらえ、「わかりました。でも今はまだ夜中の2時なので、旦那様もきっと寝ていると思います。明日の朝一番に、お電話してみましょう」と伝えた。

トミさんが納得して横になってくれたのを確認し、私は再度キノコさんの居室へダッシュしようと廊下に出た。

しかし……そこで恐ろしい光景に出くわすことになる。

キノコさんが、自分の居室のドアを開け、ひょっこり顔を覗かせていたのである。

ドキッ、ではない。バンッ！　と、心臓が弾け飛びそうになった。それくらい、大きな恐怖に襲われた。

すぐにコケるキノコさんが、ひとりで歩いている……これは、お化けが100体出るよりも

怖い状況だった。

キノコさんはもともと寝つきが悪いため、寝る前に睡眠導入剤を服用している。その薬の影響で、夜間の歩行は昼間よりも安定せず、フラつきが多い。

「キノコさん、危ないからちょっと待っ……」

歩みを進め、居室から完全に出てくるキノコさん。

走り出す私。


「あっ……」


キノコさんの体が、バランスを崩して大きくグラつく。

まずい！

私は体勢を低くして、キノコさんが傾いていくほうへ体を滑り込ませた……が、間に合わなかった。

彼女は左の側頭部を私の二の腕にぶつけたあと、そのまま尻餅をついてしまった。

「い、痛い〜〜〜」

顔をクシャクシャにしたキノコさんを見て、私はパニックになった。どうしよう、転ばせてしまった……痛いって言ってる……ごめん、ごめんキノコさん！！！

「大丈夫？　どこぶつけました？」

それでも、どうにか冷静を装って、私はゆっくりと大きな声で質問した。

「え〜〜〜〜ん」

……誇張ではなく、キノコさんは困ったことがあると本当にこのような泣き真似をする。そこが愛おしくてたまらないところではあるのだが、今はそんなことを言っている場合ではない。

私は無我夢中でキノコさんの体を起こし、ひとまず急を要しているトイレへと連れて行った。

トイレでの介助中、キノコさんが打ったと思われるお尻を、私はくまなくチェックした。ズボンを脱いでもらい下肢全体を、上着を脱いでもらい上肢全体を確認していく。アザや腫れなどは特に認められず、頭部にも赤くなっている箇所やタンコブは見受けられなかった。

これは、「ボディチェック」と言って、事故が発生したら必ずしなければならないことである。

介護施設での事故は様々あるが、代表的なのはこのような転倒事故だろう。転倒の定義は、「自分の意思に反して、足底以外の身体の一部が地面あるいは床につくこと」なので、この場合のキノコさんはしっかり転倒したことになる。

事故にはこのような転倒事故以外にも、ベッドからの「転落」や、他の利用者の薬を間違って飲ませてしまったという「誤薬」、利用者がひとりで勝手に施設を出て行ってしまったという「離設」、食べ物でないものを食べてしまったという「異食」……など、書ききれないほどの種類がある。

こうした事故を防ぐためには、事故（アクシデント）には至らなかったが、事故につながる可能性のある状況・出来事（インシデント）を敏感にキャッチし、「ヒヤリ・ハット」として挙げ、施設の全職員と共有し、対策を立てていかねばならない。1か月あたりのヒヤリ・ハットの数は、その施設の事故防止に対する意識の高さを測る指標でもある。

しかし、どれだけヒヤリを挙げたところで、施設での事故をゼロにするのは難しいのが現実だ。

キノコさんを居室へ送り届けたあとは、バイタルを測定する。事故発生直後の血圧、血中酸素濃度、体温。これらを、ボディチェックの結果と併せて、訪問診療チームに連絡しなければならない。

転倒・転落など、利用者の健康に影響が出るような事故が起こった場合、介護職はすみやかに医療職と情報を共有し、指示をもらうことになっている。それは夜間であっても例外ではない。場合によっては救急搬送ということもあるし、今はなんともなさそうに見えても、あとでなにかしらの異変が出てくる場合もある。そうなったとき、情報を共有していれば、医療職も迅速な対応ができる。

「キノコさん、どこか痛いところある？」

「板前ぇ？」

「……こことか、こことか、どう？　痛くない？」

「にゃはははは、やぁ～～めぇ～～くすぐったいよぉ～～」

……転んだことなどすっかり忘れている、といった様子のキノコさんは、それからすぐに寝息を立て始めた。

訪問診療チームから出た指示は、経過観察。

ただし、歩けないなどの異変が出てきたらすぐに連絡するように、とのことだった。

翌朝。

私が起こしに行くと、キノコさんは、「おはよん」とニコニコしながら起きて、一部私が手伝いながら自分で顔を洗い、トイレにも行って、ごはんもモリモリ食べた。日勤の職員と一緒にいつものラジオ体操もやって、コーヒーも飲んだ。折り紙でチューリップもつくった。

どこかが痛いとか、具合が悪いという訴えはなかったし、お尻や他の部分にも異変はなかった。

彼女の全ては〝いつも通り〟だった。

けれど私は、あがりの時間がきても、あがることができなかった。

私が帰ったあと、何か異変が出たら……そう思うと、心配でたまらなかったのである……。

「畑江さん……気持ちはわかるけど、大丈夫だから。もう帰りな……」

見かねた先輩職員が、そんなふうに声をかけてくれた。しかし、どうにも足が出口に向かってくれない。

キノコさんが頭をぶつけた私の二の腕には、まだ鈍い痛みが残っていた。それだけ強くぶつけたのだから、麻痺や呂律が回らないなどの症状が出てくるかもしれない……。そう考えると、心配はみるみるうちに膨らんでくる。

「もう今日はこのまま泊まっていきなよ！　そんでもう1回夜勤やっていきな！　アハハ！」

相変わらずの森田さん。夜勤明けの神経に障ることを言わせる選手権があったら、間違いなくブッちぎりの1位だろう。そして彼女が選手を引退するまで、その順位は保持されるにちがいない。

しかし、森田さんが言っていることは的を射ていた。もうこの時点で、15時近くになっていたのである……。あと2時間もすれば、今日の夜勤者が出勤してくる時間だ。気がつけば、私の全身は眠気に支配され、泥のように重たくなっていた。

先輩の気の毒そうな眼差しと森田さんの笑い声に見送られ、私はようやく仕事をあがったのだった……。

帰りに、私は前から気になっていた洋菓子屋さんに寄って、マカロンを20個買い、ひとりで全部食べた。

次の出勤日、キノコさんは何事もなかったように〝いつも通り〟で、それから先も、なんともなかった。

これは私が初めて、「事故報告書」を書いたときの話である。

18 初めての体験
深夜のお看取り一部始終

ある夜勤中、聖飢魔Ⅱの『BAD　AGAIN～美しき反逆～』を口ずさみながらリビングのモップ掛けをしていたときのこと。

ドンドンドンドンドン……と慌ただしく階段を駆け下りる音が聞こえたかと思うと、出入り口のドアが勢いよく開いた。

「は、畑江さん！　ちょっと！」

息を切らして駆け込んで来たのは、2階で夜勤シフトに入っていた児玉さんだった。彼女は26歳、私にとっては〝年下の先輩〟だが、ちょっと抜けているところもある。しかし、いつでも利用者のことを第一に考えてケアにあたる、真面目で優しい職員だった。

私はサビで盛り上がっていた瞬間を聞かれたのが気まずくて、視線を右斜め下へ向けながら、「ど、どうしたんですか」と尋ねた。

「有泉さんが息してないんです！！！！」

半泣き状態の児玉さん……私は急いで2階へと上がった。

有泉さんは92歳のおばあさん。ここに来る前は日本舞踊の先生をやっていたそうだが、脳梗塞で倒れた直後に認知症を発症。もともと独り暮らしだったため、生活の面倒を見られる人がおらず、施設へ入居することになったそうだ。

ここ1週間ほど、彼女は水も食べ物もほとんど摂取できなくなっていた。一日の大半を眠ったような状態で過ごし、声をかけても、ときどき返事をする程度。

終末期……いわゆる〝そろそろ〟という状態であった。

うちの施設は「看取り対応可」だったので、契約者である甥っ子さんともその方向で話がまとまっていた。

グループホームでの看取りというのは、医師から終末期と判断された利用者に、胃ろうや点滴などの無理な延命はおこなわず、自然な形で最期を迎えてもらう……というものだ。

グループホームには医療職が常駐していないので、点滴などの医療的ケアを家族が望む場合は、医療体制の整っている施設か病院に移ってもらう必要がある。けれど、私が知るなかでは、そうしたケアを望む家族はほとんどいなかった。

全てのグループホームが看取り対応をしているわけではないので、看取りを希望する場合は契約の際に確認が必要である。

私の祖父も、施設でこのように看取ってもらった。だから、私はあえて看取り対応をしているこのグループホームを選んで就職した……のだが、正直なところ、今夜かよ……と思った。

有泉さんの状況は知っていたし、心の準備もしていたつもりだった。

それなのに、冷たくなった彼女の頬に触れると、頭の中が真っ白になってしまった。

「……息、してないですね」

口元に手を当て、呼吸を確認。頸動脈と手首を触って、脈を確認——その体温に触れれば、もう亡くなっているのはわかるのに、私はわざわざ口に出した。何を隠そう、これは私にとって初めてのお看取りだった。そうしないと、腹が据わらなかったのだ。

「だ、だからそう言ってるじゃないですかぁ……えっと、警察!?　１１９!?」

「いや、落ち着いて下さい。家族さんに連絡です」

家族と看取りの話がついている場合、亡くなったら、あるいはもう本当にそろそろ呼吸が止まりそうになったら、まずは家族に連絡する。夜中だろうが昼間だろうが、そこは関係ない。

その次に訪問診療チームに連絡。家族は死亡診断書がないと葬儀屋を手配できないので、主治医に来てもらって死亡診断書を書いてもらわなければならない。

家族には最期の瞬間に立ち会い死亡診断書を受け取ってもらうため、また、主治医には死亡診断をしてもらうため、施設に来てもらう。

看取り対応の場合は、間違っても119番してはいけない。

救急隊には救急救命処置をおこなう法的義務が課せられているので、呼んだ時点で「命をつなぐ」という方向にことが進んでしまうのだ。これでは「無理な延命は望まない」という家族の意向と逆になってしまう。

それに、救急隊が到着した時点で、すでに呼吸が止まっていれば、今度は救急隊が警察に連絡をしなければならず、警察が介入してくる事態となってしまう。こうなると、家族への事情聴取、検死……と「穏やかな最期」とはほど遠い、ハチャメチャな展開になってしまうのだ。

「……夜分遅くにすみません、こ、児玉と申しますが……」

甥っ子さんに電話をかける児玉さんの声は震えていた。

不思議なもので、私だって相当気が動転していたくせに、相方がそれを上回るテンパりを発揮していると、自然と冷静になることができた。よく言う、「私がしっかりしなくては」という感じだろうか。

「あ、有泉さんがさっき……死んじゃったんです！」

……そこは「呼吸が止まりまして」でしょーがッ‼ 言い方‼ と焦ったが仕方ない。

私は有泉さんの体をキレイにするのに取り掛かった。

お湯で全身を拭く、オムツを交換する、パジャマからキレイな服へ着替えさせる、髪の毛を整える……有泉さんの冷たい体に触れている最中、私の手はずっと震えていた。身内以外の遺体に触れるのが、こんなにも緊張するものだとは思わなかった。

なかでも一番難儀したのは、服を着替えさせることだ。

いつもの更衣介助と同じように進めればいいと頭ではわかっているのだが、あれ？ 人の関節ってどう曲がるんだっけ……？ と、人体の自然な動きが急にわからなくなるのだ。なので、もしかすると、何度も無理な方向へ腕を引っ張ったり、脚を曲げてしまったかもしれない。当然だが、「痛い！」というようなリアクションはない（あったら怖い）ので、私は「慣れてなくてごめんね……変なことしてたらごめんね……」とつぶやきながら、ソットソット着替えを進めていった。


それから30分後、甥っ子さんが施設に到着。

間を置かずに医師も到着し、死亡診断書が発行される。葬儀屋の手配もスムーズに進み、1時間後にはご遺体の搬出、という段取りになった。


この時点で深夜1時。

私は自分の持ち場である1階の様子を伺いながら対応を手伝っていたが、あとは葬儀屋が全部やってくれるだろうし、もう児玉さんひとりで大丈夫だろうと思っていた。

……しかし、そうは問屋が卸さない。

本当に大変なのは、ここからだった。

葬儀屋の男性は、施設のエレベーターを確認するなり、「あちゃー……」というような顔をした。私は彼が考えていることがすぐにわかった。うちのエレベーターは、介護施設のくせにストレッチャーが乗るほどの奥行がないのだ。

この人、ひとりで来たけど、どうするつもりだろう……私は気になって仕方なかった。こういうときのために、「ひとりでできるご遺体の担ぎ方」みたいな研修があったりするのだろうか？　いや、ストレッチャーに代わる道具があるのだろうか……？　不謹慎なのは重々承知の上だが、半ば好奇心もあり、私は児玉さんと一緒に彼の仕事を見守ることにした。

納体袋に収まると、有泉さんはとてつもなく小さくなってしまった。

もともと小柄な人ではあったけれど、なんというか、こんなに小さかったっけ？　と、そこに有泉さんの体が入っているのが信じられなくなってしまった。袋の中身は空っぽのようにさえ見えた。

……きっと彼女は、このまま軽々と担ぎ上げられ、あっという間に施設からいなくなってしまうのだろう。

そんな想像をしていた矢先、葬儀屋の男性が突然パン！　と手を打った。

「じゃあですね！　ストレッチャーが使えないので、ちょっと皆さんに手伝ってもらって、この方を下までお連れしたいと思います！」

……え？　今なんて言った？　私たちが手伝う？

呆気に取られている私と児玉さんなど眼中にない様子で、彼は、「じゃ、そこのお姉さんは胴体の部分、あなたは足のところを持って下さい」と、テキパキ指示を出していった。


深夜2時半。

私、児玉さん、葬儀屋の男性は3人で力を合わせ、有泉さんを運んでいた。ちなみに、甥っ子さんは葬儀屋を呼んだあと、いったん帰ってしまったのでいなかった。

有泉さんの体重は、亡くなる直前でせいぜい30キロほど。元気だった頃は抱えて車椅子に乗せるなど造作もなかったのに、今では大人3人でようやく持てるくらい。めちゃくちゃ重たいのだ。

気絶した人や泥酔した人……亡くなった人の体はとても重く感じるので、抱えるのが大変だと聞いたことがあったが、これは本当だった。

その原理について思い出そうとしたが、このときはそれどころではなかった。緊張して、手汗がドバドバ出るのである。手が滑って持ち手を離してしまったらどうしよう、階段を踏み外したらどうしよう……そんな悪い想像に支配されそうになりながらも、私は気をしっかり持って、階段を一段一段、ゆっくりと下りていった。

まさか、人生で夜中に他人のご遺体を運ぶことになるとは……想定外にもほどがある。

そんなこんなでようやく玄関までたどり着き、有泉さんは無事ストレッチャーに横たわることができた。

紺色の空に星が白く輝く夜だった。

春のにおいをはらんだ静かな空気が流れるなか、彼女はあっという間に施設を去っていった。

「なんだか、あっという間でしたねぇ……」

力の抜けた声で児玉さんが言うのに、私も同意した。

それからあとは、いつも通りの夜勤だった。

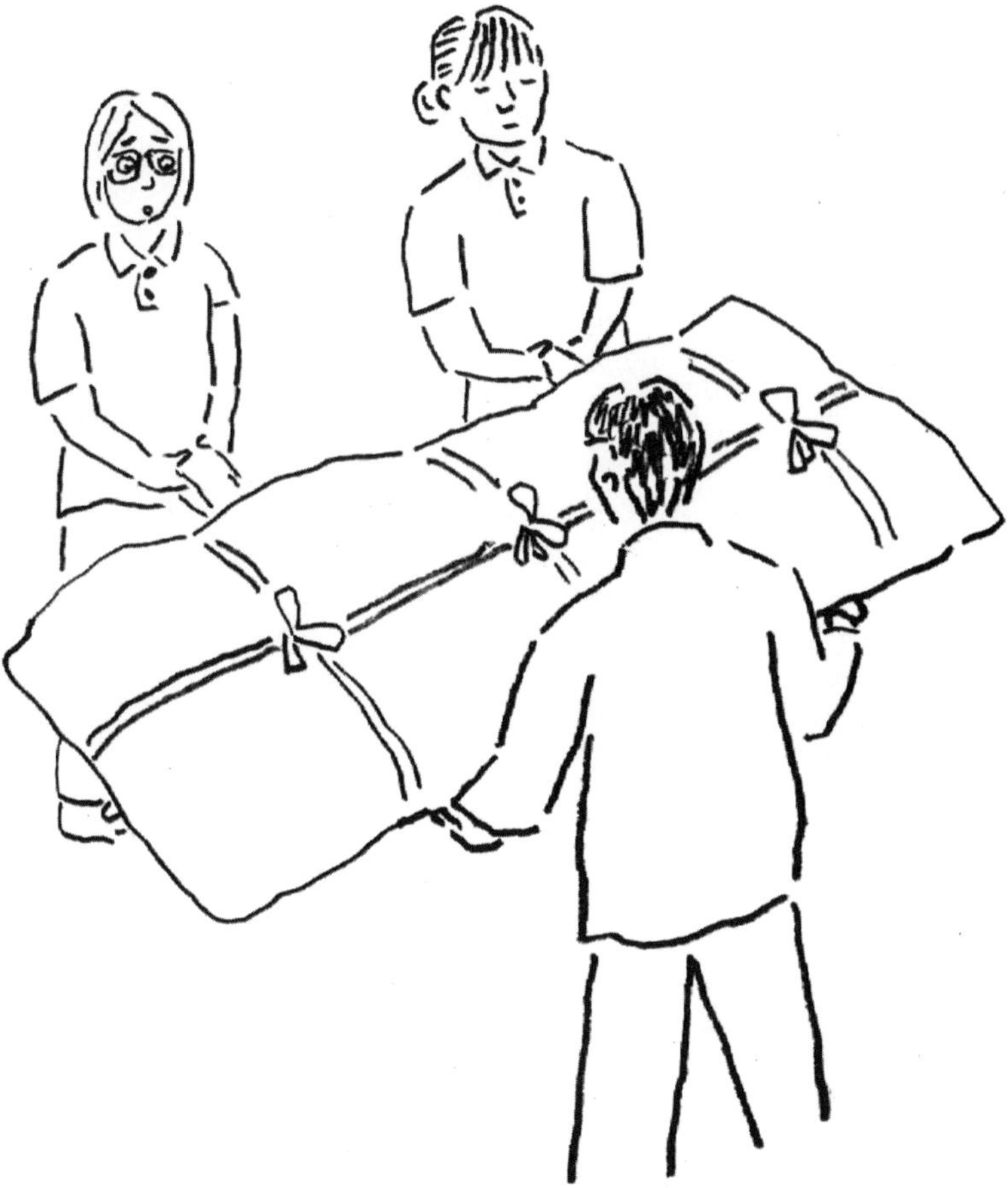

やりかけになっていた掃除を終わらせ、トミさんやキノコさんをトイレへ連れて行き、記録を書いて、書類を整理し、朝食の支度をして、皆を起こす。

有泉さんがいなくなっても、施設は変わらず回り続ける。「あの人、最近見ないね、どうしたの?」と口にするような利用者もいない。

目まぐるしい日々が2週間も続けば、もう次の利用者が入居してくる。私たち職員は、その新しい人の情報を覚えてゆかねばならない。そして、その人に合ったケアを考えていく毎日が始まる。

本当に、悲しんでいる暇も感傷に浸っている時間もない。私たちには、いろいろな時間がない。

このあとも、私は介護職として何度もお看取りの瞬間に立ち会ってきたが、ここで不思議な話がある。

そういうときに限って、歩行が不安定で常に付き添いが必要なキノコさんやトミさんがおとなしいのだ。

昼間ならば、テレビに集中していたり、何をするでもなく椅子に座っている。

夜間ならば、ぐっすりと眠っている。

うちの施設では、このような状況を、「空気を読んでくれた」と言っていた。

19 驚異の2時間睡眠 眠れぬ夜の独り言

私は子どもの頃から宵っ張りだった。
夜ふかしをして楽しむことは、たくさんあった。

・自分が世界最強の殺し屋だったら、という妄想
・自分が世界最強の陰陽師だったら、という妄想
・授業中の教室に武装集団がカチ込んで来て、それを自分が華麗にブッ倒す、という妄想
・自分が好きな漫画やアニメのキャラと付き合っていたら、という妄想
・右記のような妄想を小説の形にしてノートに書き散らかす

・右記を読んでニヤニヤする
・映画のビデオを観る
・聖飢魔Ⅱの活動絵巻教典（ビデオ）を観る
・聖飢魔Ⅱの教典（ＣＤ）を聴く
・マリスミゼルのビデオを観る
・マリスミゼルのＣＤを聴く

……書いていてたまれなくなってきたので、このへんでやめる。が、この他にも楽しいことはいくらでもある。

今は夜に起きているほうが楽な、ただの夜型体質になってしまったが、元を正せば私は夜という時間が〝好き〟だったのだと思う。静かで、ひとりになれて、その上時間はたっぷりとある。窓を叩く雨音が聞こえようものなら、それはもう雰囲気抜群の、最上の時間だ。そんな時間を過ごせるのなら、少なくとも学生のうちは、昼間起きていられないことなどさしたる問題ではなかった。

……だから、夜に起きていたい人の気持ちはよくわかる。

けれども介護施設では、「夜は基本的に全ての利用者に眠ってもらう」を目指さなくてはならない。

ムフフな空想も、創作も、何かを鑑賞することも、やるなら昼間にやってもらうことになる。

だから、昼夜逆転になってしまっている利用者には、昼型の生活リズムを身に付けてもらえるよう、介護職が支援していかねばならない。

昼間に「眠たいから横になりたい」という訴えがあっても、なるべくリビングで過ごしてもらえるよう工夫をする。たとえば、体操に参加してもらうとか、家事を手伝ってもらうとか、なんならテレビを観てもらうでもいい。なんでもいいから、とにかく昼間にしっかりと起きていてもらう。散歩に連れ出すのもアリだ。

そうして昼間の活動時間を増やし、夜には自然と眠たくなるような体のリズムを作っていく……夜ふかしの楽しさを知っている自分からすればかなり心苦しいが、集団生活の性質と、利用者の心身の健康を考えればやむを得ない。

単なる昼夜逆転の人であれば、ここで話は終わりだ。

しかし……昼夜問わず、いつでもめちゃくちゃ活動的なミエさんの場合はどうだろうか。

ミエさんはいつもだいたい21時頃に寝て、23時頃に起きる。2時間睡眠でフルパワーチャージ、常に元気いっぱいというなんとも羨ましい体質をしている。

昼間は体操、散歩、カラオケ、小物作りなどのレクリエーション全てに参加。チャキチャキ歩き、大きな声で笑い、体をたくさん動かしている。

……そして夜中も、チャキチャキ歩き、大きな声で笑い、体をたくさん動かしている。

ミエさんは、介護面での工夫でどうにかなるような話ではない、明らかな超ショートスリーパーだった。

たとえ夜眠れなくとも日中の活動に支障がないのであれば、それは不眠症とは呼ばないのだそうだ……が、認知症と睡眠時間の短さには大きな関係があるという説もある。認知症の進行を遅らせる目的があるグループホームでは、このあたりは無視できない。

居室の照明の色を暖色に変えてみる、寝る前にホットミルクを飲んでもらう、足湯をしてみる、着心地の良さそうなパジャマを後見人に用意してもらう、掛け布団を変える、枕の高さを調整する、ヒーリングミュージックを流してみる、夜間の物音には細心の注意を払う……できることはほとんど試した。

しかし、ミエさんの2時間睡眠はビクともしなかったのだ。

そのせいかはわからないが、ミエさんの認知症は半年ほどで一気に進んだ。

私が入職したての頃はきちんと成立する会話ができたのに、それができなくなった。いつもアイブロウペンシルを使って眉をビシッと描いていたのに、その習慣がなくなった。

毎日お願いしていたテーブル拭きの家事が理解できなくなり、台拭きを丸めてポケットに入れてしまうようになった。

食欲を我慢できなくなり、他の利用者のおかずに箸を伸ばすようになった。リビングに飾ってあった造花を、ちぎって食べようとしたこともある。

ミエさんはこのとき77歳。これくらいの〝若さ〟だと、認知症が進行するのも速いと言われている。私は、その驚くべきスピードに、言葉を失ったのだった。

さらに彼女は、独特の独語を繰り出すようになった。

独語というのは字の通り「独り言」のことで、認知症患者によく見られる症状である。幻視により、私たちには見えない誰かと話をしている、感情をそのまま言葉で垂れ流している、鏡に映っている自分自身と会話している……など、人により様々なパターンがある。

ミエさんの場合は、これらを全て融合したものだった。

しかし「誰と」や「何を」話しているのかはわからない。なぜなら、彼女の言葉は崩壊しているからだ。


「おちゃぼがまんね、あれってぃったでしょ!」

「これ、げきの？ げってぃいの？ いいってぃったんですね」

「あのひとがはるでっから、このじぇくをしきます」

「わあ! ふれくし! さきもさきて、ここへくってんばっかります」


……こんな具合に。

私はミエさんと同じ神奈川県の出身だが、このような方言は聞いたことがない。彼女がよく口にする言葉を拾い、他にも全国津々浦々の方言をできる限り調べてみたりもした。けれど、何かを意味するような言葉は見つからなかった。

ミエさんはきっと、自分では正しい単語と文法で話をしているつもりなのだろう。だけど私たちには、何を言っているのかわからない。そのときの表情や語気、声音で、彼女がどんな気持ちなのかを察する……それがせいぜいできることだった。きっと、ミエさん本人も、会話が成立しないストレスを抱えていたと思う。

さあ、このように変わっていったミエさんが、夜は変わらず2時間しか寝ないという状況は、つまりどういうことか。

答えは〝地獄〟である。

昼間、ミエさんの独語はテレビや水道の音、他の利用者・職員の声である程度かき消されている。しかし、皆が寝静まった夜中に、それは翼を生やしたように生き生きと響き渡るのである……。


「あはは！　おちゃぼがまんねってあの人がふってたよ！」

「これどうすればいいの？　もじでなりとたしました」

「さわのそしがね、るりってるらだから、かきもしきじきもっけりさん、でしょう！」


独語を重ねるほどに増してゆく声量。

自分で言ったことに興奮したり、混乱している様子も見受けられる。

ミエさん、まだ夜中の2時だから、もうちょっと小さい声でお話ししましょう……と声をかけても、「えぇ⁉ なに？ がっしゃんがうじで、はちなの？」という感じ。

その肩を抱きながら居室に連れて行き、ベッドに横になってもらっても、3分もしないうちにまたリビングへと出てくる。

彼女の歩行は安定しているので、起きている間、常に付き添っている必要はないのだが、とにかくうるさいので私としては1分でも長く眠っていてほしいのだ……。

想像してみてほしい。

意味がわかりそうでわからないこういう独語を、元気いっぱいな強い語気で一晩中聞かされるのだ。

私は本当に、本当に頭がどうにかなってしまいそうだった。実際に、ミエさんの独語パレードに耐えられず、辞めてしまった職員もいたくらいだ。

「うるさいから眠っていてほしい」というのは介護職の都合に聞こえるかもしれないが、実はそれだけではない。

ミエさんの声に起こされてしまう利用者が何人もいたのだ。これでは他の人たちの安眠妨害にもなってしまう。

この夜間の独語に対して、私たちは様々な対応を試みた。

独語は精神的な不安を抱えているときによく出る症状なので、まずは話を聞いてみる。そして、不安を払拭できるような受け答えをする……というのは、そもそも彼女が何を訴えているのかわからないため、不発に終わった。「大丈夫ですよ！　心配ありません」と適当な返事をした職員が「何よ！」と、お腹をグーで殴られたこともあった。

……不安になったとき、私たちだったらどうしてもらいたいだろう？

もし自分だったら、ただ好きな人に傍にいてもらいたいと思う。両親や友達、ゲーム画面の中の推し……リアルの恋人がいれば、その人も含まれるかもしれない。

けれどミエさんには、そういう機会を作ってあげることができない。旦那さんもご両親もすでに他界されているし、子どもはいないし、昔好きだったという石原裕次郎の写真を見せても「誰よ」という反応だった。訪ねてくる友人もいない。

このことを考えたとき、私は急に怖くなった。

今は、両親も友達も推しもいる。けれど、50年後は？　私は、どこに、誰といるのだろう？　……私も、拭えない不安を一晩中抱えて朝を待つ人になるかもしれない。そうならないという保証はどこにもないのだ。

ホットミルクや白湯の提供、肩をさするなどのスキンシップ……試みが不発に終わるほど、私の中の不安も増大していった。

「けりがもうさってだからさぁ、あのこはきっとしでがはったもんなんだよ」

……怖い、怖い、怖い。

不安に支配された神経を逆なでするミエさんの声は、どうやっても聞こえてくる。

このままじゃ、本当におかしくなってしまう——私の精神は限界を迎えそうになってい
た。

「笑顔が素敵、照れたときの顔が可愛い、泣き顔がキレイ、抜けてる長男キャラ、意外とガンコ、言葉遣いが丁寧、私服がダサい、ひ弱に見えるのに実は肺活量がめちゃくちゃある、誠実、デートが健全、頑張り屋さん、穏やかそうに見えて熱血漢、手がキレイ、地味なイケメン枠、学ランが似合う、恋愛に関してはニブい！　……」

発作的に、私は推しの好きなところを100個数えながら口に出していた。

まさに自己防衛のための言葉の撃ち合いである。

夜中の3時に、私の声とミエさんの声が、フロアで拮抗する……それは『ハリー・ポッター

と死の秘宝 PART2』で、ハリーのエクスペリアームスとヴォルデモートのアバダ・ケダブラが押し合うシーンそのものであった……。

結局、介護面では万策尽きたという結論になり、ミエさんには睡眠薬が処方されることになった。

なぜ最初から薬を処方してもらわなかったのかというと、寝ないから、落ち着かないから、うるさいからといって、安易に向精神薬を利用者に服用させるのは「ドラッグロック」という身体拘束にあたるからだ。

その行動を薬で抑制する前に、介護職はまずその人の生活面に問題はないか探っていかねばならない。ケアを変えてそうした行動が落ち着くのであれば、薬に頼らずとも良くなる。

しかし、ケアを工夫しても状況が変わらず、本人の体調や他の利用者の生活に支障が出るようになれば、優しい薬から服用を開始してもらうことになる。それから様子を見て、薬の量を調整していく。

これでミエさんもぐっすり眠ってくれるだろう……と思っていたのだが、彼女はここでも持ち前の元気っぷりを発揮した。

最初に処方された優しい薬はもちろん、中くらいまでの薬をことごとく撃破し、夜中に変わらぬ独語のマシンガンを、ランボーのごとくぶっ放しまくっていたのである……。

ようやく彼女の体に合う薬が見つかったのは、それから4か月後。

それでも、ミエさんの睡眠時間は平均して5時間ほどだ。

毎日10時間は寝たい私と足して2で割ることができたら、どんなにいいだろう。

いや、それよりも、私がミエさんを安心させてあげられる人になれたら、どんなに良かっただろう……夜勤に入るたびそんな悔しさを感じながら、私は彼女の独語を聞いていた。

20 マジで殺されるかと思った……深夜のブチ切れヨウさん

1時間前は普通にトイレに行っていたとしても、その30分後には息をしていない可能性もある……高齢者とは、そういう人たちである。なので、夜勤者には「巡回」という大切な仕事がある。

定時に利用者の各居室を回り、皆の安否や変わったことがないか確認していくのだ。時間の間隔は施設によって様々だと思うが、うちの施設では、1時間に1回、巡回をしていた。

巡回ではベッドに横になっているのを確認するだけでなく、呼吸状態もしっかりと確認しなくてはならない。寝息が静かな人は鼻に手を近づけ、息をしているか確かめる。それが規則正しい呼吸かどうか、苦しそうではないか……9名全員の状態を、その日の夜勤者が責任を持って見守り続ける。

この巡回をサボり、朝になって亡くなっている人に気がついた……という事故が、過去に実際あったらしい。なので最初の頃、私は1時間に1回では不安で、30分に1回は巡回に出てしまっていた。しかしそれは利用者の安眠妨害にもつながるし、他の仕事もできなくなってしまうのでやめた。


巡回は21時〜翌朝5時まで、合計9回ある。

この日、私は最後の5時の巡回に出た。


よしよし、皆ぐっすり寝ている……呼吸状態も異常なし。

あと2時間もすれば、順番に起きてもらわなくてはならない。それまでゆっくり眠っていてね……と、私は各居室を回っていった。

次はお餅大好きな外国人利用者、ヨウさんの部屋だ。

ドアの取っ手をそっと掴み、音を立てないよう静かに扉をスライドさせる……。すると、ヨウさんはベッドではなく、その向かいにあるタンスの前でうずくまっていた。

え⁉　どうした⁉　もしかして、具合が悪い？

いや、転んだのか……⁉

心臓をバクバクさせながらよく見ると、彼はタンスの一番下の引き出しを全開にし、その中にしゃがみ込んでいる。

そして、そこにおしっこをしていたのだ……。

私は迷った。そこはトイレではないのだけれども、彼はいま排泄の真っ最中、つまり超プライベートな時間だ。そこでいきなり声をかけたら、イヤな気分にさせてしまうかもしれない。

見た通りヨウさんは生きていたわけだし、このままスルーして立ち去り、タンスの中はあとで掃除すればいいのではないか……。

けれど、このままタンスの中に用を足すというルーティンがヨウさんにできてしまった場合、衛生面が非常に悪いまま生活を送ってもらうことになってしまう。

もよおしたら、トイレに行ってもらう。ヨウさんの生活の質と健康を維持するためにも、ここはやはり声をかけるべきであると私は判断した。

「ヨウさ～ん、こんばんは……変な時間にごめんなさい、あのですね、タンスの中にはおしっこをしないでほしいんですよ。そういうときはトイレへ……」

「あ⁉」

そのとき、私は判断を間違えたのだと悟った。

ヨウさんは鋭い眼光でこちらを睨みつけると、高齢者とは思えない光のような速さでズボンを上げ、手近にあった折り畳み式のパイプ椅子を掴んだ。

私はすぐさまドアを閉めて逃げた。

しかし、数秒もしないうちにそのドアは勢いよく開いた。

そして、ヨウさんが椅子を振り回しながら追いかけてきたのである。

「バカ女、殺す」

ヤバいヤバいヤバいヤバいヤバいヤバいヤバいヤバいヤバいヤバいヤバいヤバいヤバい！　どうしよう‼

「包丁で首切って殺す」

……トイレで用を足して下さいってお願いしただけで死刑判決ですか、私⁉　しかも、結構苦しそうな殺り方‼

「ヨウさんごめん、私が悪かった！　大丈夫、なんでもないから気にしないで！　忘れて！」

「殺す！」

「本当にごめん！　怒らないで！　殺さないで！」

「……@＊%#＞……$#＋＊&%@……」

後半はヨウさんの母国の言葉だったので、何を言っているのかわからない。それが死ぬほど怖かった。

私は内線で上のフロアの夜勤者に助けを求めようとした。

しかし、ようやくリビングまで逃げ延びても、ヨウさんに回り込まれたりフェイントをかけられたりして思うように進めない。加えて、テーブルや椅子が進路の邪魔になり、電

話機が置いてある場所までなかなかたどり着けないのだ。

ヨウさんはめちゃくちゃ執念深かった。

眼光は一瞬たりとも鋭さを失わず、その腕は疲弊など知らぬといった様子でパイプ椅子を振り回し続けた。しかも、私を追いかけリビングを5周くらい走り続けているのである。

子どもの頃、プロレス会場でタイガー・ジェット・シンにヤジを飛ばしたら、リングの下を5、6周追いかけられたという知り合いがいたが、彼は「あのときはマジで殺されるかと思った」と声を震わせていた……。その気持ちが、私はこのときようやくわかった。

どうすればいい、ちか子！　考えろ、考えろ、考えろ……！

……このときの私の脳の回転速度は、日本が誇るスーパーコンピューター「富岳」の計算速度と同じくらいだったと思う。

私はヨウさんにフェイントを返し、一瞬の隙を突いてキッチンカウンターの内側へと入った。

ここに入ってしまったら袋のネズミ……私の作戦は賭けであった。これが失敗すれば、小生はあえなく斬首。数時間後に出勤してくる日勤職員が悲鳴をあげる事態になってしまう。

けれど、今の状況で生存の可能性が一番高いのは、これしかない！

私は冷蔵庫を開けてジュースのペットボトルを取り出した。

「ヨウさん、ほら見て！　ジュース！　ジュースだよ！」

……ヨウさんの動きが、ピタリと止まる。

勝機！　一気に畳みかける！

「さっきはね、ヨウさんにジュース飲まない？　って誘いに行ったの！　用意するからちょっと待っててね！」

笑顔を崩さないようにして、棚から手探りでコップを取り出す。ヨウさんからは片時も目を離さず、コップに「充実野菜」を注ぎ入れる。

「はい、どうぞ‼」

「……」

ヨウさんは、パイプ椅子をガシャンと床に放った。

そして私の手から「充実野菜」をひったくると、そのまま一気に飲み干した。

「日本人は皆バカ。お前もそう。女だから一番ダメ。日本人の女、一番バカ。バカで汚い」

……その汚いバカからもらったジュースは全部飲むんかい！　と「充実野菜」のペットボトルでスパーンと側頭部にツッコミを入れたくなったが、そこはグッと我慢した。

多分、ヨウさんは日本にいい思い出がないのだ。

日本がバブルだった頃に来日し、魚の缶詰工場で働き始めた彼は、言葉の壁や外国人に対する差別で心を病み、仕事が続けられなくなったらしい。

しかし身内の紹介で知り合った同郷の女性と結婚したのをきっかけに、今度は魚屋の自営に踏み切る。ここでも同じような理由で精神の健康を損ねたらしいが、奥さんに支えられながらなんとか仕事を続け、子どもたちを育てていったそうだ。

母国の両親にお金を送るため、ヨウさんはその心を削って日本に残る選択をし続けた。けれど、私だって「日本人の女は一番バカで汚い」なんて言われれば、彼のその半生をガン無視して「バカって言う奴が一番バカなんだよ！」と言い返したくもなる。大変な人生だったのだとは思うが、それとこれとは話が別だ。

……もしかすると、特に日本人の女性に、めちゃくちゃイヤな思い出があるのかもしれない。彼も「お前の国の奴は皆バカ。そして汚い」と、罵られたことがあるのかもしれない。だとすれば、ヨウさんの心を一番傷つけたであろう言葉で、また人を傷つけるというのは、なんとも悲しく、辛い連鎖であるとも感じた。

「バカな女」

ヨウさんはそう吐き捨てると、コップを床に放り投げて、居室に戻って行った。外は、もうすっかり明るかった。この朝日が拝めたことを、私は心の底からうれしく思ったのだった……。

その後、ヨウさんの怒りがぶり返すことはなかった。

朝食のサバの塩焼きを「俺魚好き！　うれしい！」とニコニコしながら食べ、自分の席でちぎり絵に熱中し、ゴミ捨てを手伝ってくれたりもした。

ヨウさんは力持ちなので、力仕事をお願いするといつも快く引き受けてくれる。私はゴミ捨て場からの帰り道、「ヨウさんがいてくれて本当に助かったよ」とお礼を言った。

「俺、まだまだ力ある。日本人の男より力ある。だから、いつでも言って」

……基本的には優しいんだよなぁ、この人……。私は「うん、またお願いしますね」と返事をしたが、いつものように上手く笑えている自信はなかった。

最後になりましたが、私は今回の件につきまして「充実野菜」に命を救われたと思っています。

株式会社伊藤園様、機会がありましたら、反物を織りにお邪魔させて下さい。キコバタトン。

21 リアルファイトクラブ勃発……山本VS.仁科・前編

大変なことが起こってしまった。

……タイトルそのまま、ついに昭和のガンコジジイ山本さんが、ジェントルマン仁科さんにブン殴られるという事故が発生してしまったのである。

まず、大前提として、仁科さんと山本さんはもともと仲が良くなかった。

私の祖父も、入居して間もなく他の男性利用者と口喧嘩をやってしまったらしいのだが、そのときは速攻で祖父が他のフロアに移動させられた。

怪我人が出る前に、そりが合わないふたりをあらかじめ引き離しておく……私たち家族は、職員さんたちの考えとその対応の速さに驚いたものだ。そして、迅速にフロアの移動を検討し、実行に移してくれたことに感謝した。

そういった経験があるので、私は山本さんと仁科さんがなぜ同じフロアで生活しているのか、最初から不思議でならなかった。

暴力沙汰に発展する危険性がある、という内容のヒヤリ・ハットも、これまでたくさん挙がっている。

なので、私はある日の会議で、「怪我人が出る前にふたりを別々のフロアに離したほうがいいと思う」と意見を出した。

すると、森田さんを含む会議に出席していた職員全員が、「あー……」と言葉を詰まらせた。

「あのふたりは家族さんが……ね……」

頭を抱える先輩職員。

ため息をつく森田さん。

——ふたりが説明してくれた事情は、次のようなものだった。

実は、森田さんはこれまで何度も両名の家族に、フロアの移動を相談していたのだそうだ。

フロアや居室のお引越しなど、利用者の生活環境が大きく変わるようなことは、施設職員の一存では決められない。生活環境が大きく変わって物事がいい方向へ進むこともあれば、逆に混乱を招き認知症が悪化してしまうリスクもあるからだ。

また、うちの施設は部屋によって料金が変わることはなかったが、施設によってはそうしたことも含めて家族に相談し、了承を得る必要がある。

しかし、事情が事情なので、森田さんも半ば形式上の相談になるだろう、ノーとは言わないだろうと踏んで、まずは山本さんの家族に電話をかけたらしい。

ところが、話はトントン拍子には進まなかった。

「その人よりも、うちのお父さんのほうが先に入居していたんですよね？　それなのに、住み慣れた部屋を追い出されるなんて話がおかしいんじゃないですか？　その人に移動してもらって下さいよ」

……山本さんの娘さんは、そう言ってフロアの移動を了承してくれなかったのだ。

山本さんは入居して7年。1階で一番の古株だ。その上、一度定着したルーティンや生活スタイルを崩したがらない、典型的なガンコジジイである。

たしかに施設側からしてみても、山本さんを2階へ移動させたときのトラブル&混乱のリスクは激高だった。

ならば、と今度は仁科さんの息子さんへ電話をかける森田さん。

「そんな……ようやくそちらでの生活に慣れてきたのに、またここでお部屋が変わるとなると、父も戸惑うんじゃないでしょうか。面会に行って、私たちのことがわからなくなる、というくらい認知症が進んでしまっても困ります。なんとか相手の人に移動していただけないんでしょうか？」

仁科さんは入居して2年半ほど。施設に来た当初は、夕方になると「帰ります」「子どもを風呂に入れてやらないと」と荷物をまとめて出て行こうとする、帰宅願望の強い人だったそうだ。

家で夕飯をつくらないといけない、家族が待っている、子どもの遊び相手をしてやらないと……と、夕日や時計を見て家に帰ろうとする利用者は少なくない。昼間は普通に過ごしていても、夕方になると突然、記憶が過去に戻ってしまうのだ。

子どもはもう家を出て家庭を持ち、勤め先では部長をやっているのに、そのときの彼らのなかでは、まだお風呂に入れてあげなくちゃいけないほど小さくなっている。記憶が人生のある一点に逆行し、止まってしまう――〝自分が人生で一番輝いていた頃に戻ってしまう〟というような言い方をする人もいる。

夕方にしばしば見られる、こうした帰宅願望や徘徊、独語、せん妄、興奮、不穏状態のことを「夕暮れ症候群」と呼ぶ。

……なんとも切なく、胸が締めつけられるネーミングだ。ちなみに、帰宅願望は、在宅で介護を受けている場合であっても、見られるケースが多い。

きっと、仁科さんは仕事を終えて家に帰ると、まず一番に息子さんとお風呂に入っていたのだろう。それは彼にとって、どんな時間だったのだろう。毎日湯船の中で、小さい息子さんとどんな話をしていたのだろう……ついつい、そんなことを考えてしまう。

家に帰ろうとする利用者に、「あなたは認知症なので、今はこの施設で生活しています。家へ帰ることはできません」と、真実をストレートに説明してしまうのは、多くの場合、さらなる混乱を引き起こしてしまうため避けたい。というか、彼らの様子を見ていると、とてもじゃないが、そんなことは言えない。

なので、私たち介護職はいろいろな言葉と対応で、利用者を引き止め、納得してもらえるよう努力する。

「え、帰っちゃうんですか？　夕飯作っちゃったんで、良かったら食べて行って下さいよ～」と夕食を準備しているキッチンを見に来てもらったり、「そうなんですか、息子さんは今おいくつなんですか？　何か習いごとをやっているんですか？　あら、剣道なら私も昔やっていましたよ！　防具がとても重くて……」と徐々に話題をズラしていったり、掃除を手伝ってもらったり、温かい飲み物を提供してみたり……など、とにかく〝帰宅〟から意識を逸らしてもらえるよう、あの手この手を繰り出す。

すんなり落ち着いてもらえる場合もあれば、時間がかかるときもある。

こんな夕暮れどきを何度も繰り返すうち、仁科さんの帰宅願望は徐々に減っていき、今ではほぼ聞かれなくなっていた。

息子さんは、生活環境が変わることでこれらがまた振り出しに戻るばかりか、悪化するのではないかと懸念していたのだ。

山本さんと仁科さんにはそれぞれの事情があり、双方の家族にもそれぞれの考えがあった。

これが、ふたりがいつまでも同じフロアで生活していた背景である。

もちろん、暴力行為に発展する危険性については、森田さんが何度も説明していた。けれど、家族からの返事は、揃って「そこは職員さんが注意して見ていて下さい」というものだったらしい……。

部屋の引っ越しにより自分の父親の認知症が進むかもしれない可能性と、ケンカでブン殴られて怪我をする可能性……後者は転んで頭でも打てば、最悪死に至るケースだって考えられるだろう。

どちらがより危険か、考えなくてもわかるだろうに……と、正直思った。

もしかすると、利用者の家族には、「施設は介護のプロが集まる安全な場所」という思い込みをしている人が、ちらほらいるのかもしれない。

読者のなかに、もしそのような思い込みをしている方がいたら、ぜひとも考えを変えていただきたい。

介護施設には、安全配慮義務というものがある。これは、利用者の安全に配慮し、生命・身体・財産に損害を与えてはならないという義務だが、この世に絶対はない。

利用者にマンツーマンで職員がつければ話は別だが、そんなことは現状不可能だ。どれだけ職員が目を光らせ、過去の事故をもとに対策を講じたとしても、こちらが予測できないようなことが起こったりする。どんなに気をつけていても、利用者は転ぶこともあるし、利用者同士でトラブルになることもある。

なので、施設側が利用者の身の安全を確保するために持ちかけた相談に対しては、どうかそうしたことも踏まえて耳を傾けてほしい。

……さて、リアルファイトクラブ当日の様子に関しては、次で触れていきたいと思う。

思い出すだけでも気が滅入る。

執筆に入る前に、乙女ゲームをプレイして、推しから元気をもらうことにしよう。

22 リアルファイトクラブ勃発……山本VS.仁科・中編

その日の6時45分頃。

私は朝食の用意をしながら、眠たい目をこする利用者の起床介助にあたっていた。

この時間帯はいつもバタバタする。何せ9人分の食事をつくりながら、9人の利用者を順番に起こしていくのだ。

「朝ですよ～」と職員が声をかけてから、目を覚まし、服を着替えて、顔を洗って、トイレに行って……という一連の動作を全て自力でできる利用者はごくわずかだ。これらのうちいくつかなら自分でできる、という人もいれば、全部できない人もいる。それぞれの利用者に合わせて、できないことは職員が介助に入る必要がある。

そろそろヒメコさんを起こしに行く時間だな……と考えていると、手ぬぐいを持った山本さんが居室から出てきた。

「おはよーさん」

「あ、山本さんおはよ！　昨日はどんな夢見た？」

「夢なんかもう何十年も見てないよ」

「そっか～あっはっは！」

　これは山本さんと私が交わす、朝のお決まりの挨拶だ。ここでたまにお尻を叩かれたりすることもあるが、そういうときは、「やめて下さい」とはっきり言うようにしている。相手にとっては単なるスキンシップかもしれないが、こちらからしてみれば完全なるセクハラだ。このあたりは利用者から職員に対してのセクハラ問題としてとり上げられることも多いが、〝単なるスキンシップのつもり〟という点に着目すると、日々のケアのなかで職員が利用者に対して不快な思いをさせてしまうパターンも十分考えられるため、注意しながら業務にあたっていきたいところでもある。

　山本さんは、朝の支度を全て自力でできる人だ。

　私は彼のエアーコンプレッサーみたいなうがいの音を聞きながら、ヒメコさんの居室に向かった。

「ヒメコさん、おはようございまーす！」

うっすら目を開けてほほ笑むヒメコさん。

彼女はここ2か月ほどで認知症が一気に進み、自力でできることがほとんどなくなってしまった。同時に食欲も落ちてきて、体力も以前より低下しているように見受けられる。朝の支度は全介助だ。

まずは着替えに取りかかる……すると、廊下からどこかの扉が開く音が聞こえた。

廊下を確認してみると、仁科さんが居室から出てきたところだった。

「仁科さん、おはようございます！　よく眠れました？」

「ええ、おかげさまで」

仁科さんはそのまま洗面台に向かって行ったが、山本さんはすでに洗顔を終え、ソファに座ってテレビを観ていた。

ふたりが接触する可能性は低そうだ……。しかし、何が起こるかわからない。

私はちょくちょく部屋の外へ出てリビングの様子を伺いながら、ヒメコさんの着替えを進めていた。

そうこうしているうちに、顔を洗い終えた仁科さんが自分の席に座るのが見えたので、私はいったんリビングに戻り、彼に熱いお茶と朝刊を渡した。そのまましばらく席で過ごしていてもらうためである。

仁科さんが新聞を読み始めたのを確認し、私は再びヒメコさんの居室に戻る。

ヘアブラシで髪の毛を整え、服の皺を伸ばして、身支度の仕上げをする。

「ヒメコさん、今日も素敵！　じゃ、朝ごはんの前にお手洗いに行っておきましょうね」

そして、車椅子を押してトイレに向かう。

自力で立つことは難しいが、職員が手すりに掴まらせてお尻を持ち上げれば、ヒメコさんは立つことができた。

今の介護の考え方は、「自分でできることは自力でやってもらう」すなわち、利用者の「残存能力」の維持・活用を主眼に置いている。

残存能力とは、その人に残された機能を用いて発揮できる能力のことだ。障害や認知症、加齢によって「できなくなってしまったこと」に注目するのではなく、「その人が今できること」を探り、見つけ、それを維持してゆく。

朝、着替えと同時にベッドの上で尿取りパッドを交換してしまうほうが、ヒメコさんも職員も楽だろう。けれどそれでは、ヒメコさんはあっという間に立つこともできなくなってしまう。これも、残存能力の維持を目的として取り入れたケアなのだ。

そんな状態なので、ヒメコさんのトイレ介助は少し時間がかかる。

私はリビングに一番近いトイレまで車椅子を押し、再度、山本さんと仁科さんの様子を伺った。

山本さんは、お茶を飲みながらテレビを観ている。

仁科さんも、お茶を飲みながら新聞を読んでいる。

両者の距離は遠い。

私はヒメコさんと一緒にトイレの個室に入り、彼女を立たせた。

「ヒメコさん、その調子！　ちょっと頑張って立っててね！」

……と、ヒメコさんのズボンとリハビリパンツを下ろした瞬間、ボタボタボタッと落ちてくる多量の便……そう、ヒメコさんは前日に下剤を服用していたのだ。

便座に座らせてあげたいけれど、便座にも便が落ちてしまったため、まずはそこを拭かないといけない。

ヒメコさんの体を支えながら、便座と、彼女の太ももを拭き取っていく……そのとき、トイレの外から山本さんの怒鳴り声が聞こえた。

あ、まずい。

急いでヒメコさんに座ってもらおうとするも、焦って転ばせてしまったら大変だ。慌てず、けれどもスピーディに……。「冷静」という文字を頭に思い浮かべながら、私はヒメコさんを便座に座らせる。

そして、自分が発揮できる最速のスピードでリビングに出た。

「なんなんだよお前は！　置いとけって言ってんだよ、バカ野郎！」

テレビのリモコンを手にしている仁科さんに向かって、山本さんが怒鳴り散らしている

――状況が読めた。おそらく、山本さんがテレビを観ていたところに、仁科さんがチャンネルを変えようとリモコンを持ったのだろう……いつの時代も、ケンカの原因はだいたいテレビのリモコンだ。

山本さんはいつもリビングのテレビを独り占めしているので、基本的に他の利用者にチャンネルの決定権はない。

職員が「他の人にも、好きな番組を観せてあげて下さい」と声をかけると、「うるさい！」と大声で怒鳴るので、他の利用者も「いやいや、もういいよ……」となってしまっているのである。

その暗黙の了解を、ごく稀に無視するのが仁科さんだった。

私が走り出すのと、両者が掴み合ったのは同時だった――引き離そうにも、お互いもの凄い力だ。

前にも言ったが、私は腕相撲にも一度も勝ったことのない女である。

高齢者とはいえ、男性ふたりが全力で掴み合っているのを、ひとりで止めるのはかなり難しい。難易度、鬼。無理ゲーというやつである。

そして、情けないがやはり恐怖もあった。怒鳴り合い、力いっぱい拳を振り回すじいさんふたりの間に割って入るのは、かなり怖い。入職したての頃、森田さんには「体を張って止めろ」と言われたが、怖いものは怖いのだ。

「ちょっとちょっとちょっと！　ふたりともお願いだからやめて！」

「うるさい‼」

……なんとか割って入った私のこめかみに、山本さんの拳がクリーンヒットする。普通に痛かった。

「お前ッ……女性に手を上げるたぁ何事だぁぁぁぁぁッ‼」

グンッ、と腕の力が増す仁科さん。

そういうマインドのキャラは大好きだけど、今はそういうのいいから！　つーか、あんたらがやめてくれればいいだけの話なんだよ！

「マジでやめてふたりとも！　本当にやめて！　これ以上はもう……！」

必死になってふたりを引きはがそうとしたが、私はついぞ目的を果たすことができなかった。

仁科さんの拳が山本さんの口元にヒットしてしまったのである。

ゴッ、という鈍い音。

よろめく山本さん。

静まり返るリング……いや、リビング。

……あーあ、大変なことになっちゃった……口の中を切ったのであろう、床にボタボタ垂れる山本さんの血を見ながら、私はそんなふうに思った。


「……すみませんでした」

肩で息をしながら私に謝る仁科さん。

「何やってんだよこのバカタレぇぇぇぇぇぇッッッ!!」と怒鳴りつけたいのが本音だったが、私は「怪我してない？」と冷静を装って質問した。

ざっと見たところ、仁科さんに外傷はなく、返事も「大丈夫です」とのことだったため、彼にはいったん自分の席に戻ってもらう。

問題は山本さんだった。

「大丈夫？」

どう見ても大丈夫じゃないのに、そんな間抜けな質問をしている私。

「痛ぇ……なんで俺殴られたんだろう……」

……うっかり聞き流しそうになったが、私はことの経緯を思い出せるか山本さんに質問してみた。すると、彼はなんでケンカになったのか、誰に殴られたのかすら、この数秒のうちに忘れてしまっていたのである……。

出血している箇所を確認すると、唇の左端が切れて真っ赤になっていた。急いで止血し、他に外傷はないか、顔色やバイタルは問題ないかなど、様々なことをチェックしていく。

「吐きそうとか、気分が悪いとかはないですか？」

「ない」

「両手はちゃんと動きますか？」

「……おい、もういいよ。そんなことより、早く飯持って来いよ。腹減って仕方ねぇや」

……え？　こんな状況でお腹空くの？　っていうか私、あんたにブン殴られたんですけど……？　と驚愕したが、食欲があると聞いて少しだけ安心したのも本当だ。

みそ汁やお茶がしみたのかもしれない。山本さんはときおり顔をしかめながら、オムレツ、ポテトサラダ、ヨーグルトの朝食を完食した。

早番で出勤して来た吉見さんに事情を話すと、彼女は「ついに起こっちゃったね……」と表情を引きつらせた。

彼女が山本さんの食器を下膳する際、「山本さん、口にケチャップついてるよ！ ……あ、血だった」と言ったのが、今でも忘れられない……。

23 リアルファイトクラブ勃発……山本VS.仁科・後編

さて、山本さんが怪我をしてしまったので、訪問診療チームに連絡をしなければならない。

朝食のあと片づけや歯磨きの介助を吉見さんに任せ、私は電話のボタンをプッシュした。

「……もしもし」

いつもは感じのいい看護師さんが出るのに、この日はなぜか医師が直接電話に出た。

実を言うと、私はこの訪問診療の先生が苦手だった。いつもムスッとしたように感じが悪く、こちらが質問したことに対して、「そんなこともわからないの？」と高圧的な態度をとるからだ。

「あ、いつもお世話になっております、畑江です。あの、訪問診療でお世話になっている山本さんがですね……」

私はことの次第を説明し、直近のバイタルと本人の様子を先生に報告した。

この先生は内科医なので、おそらく本日中に口腔外科を受診するよう指示が下るだろう……そんな予想をしていると、電話の向こうで大きなため息が聞こえた。

「あのさぁ……それって事故なんじゃないの？　そういうことが起こらないよう、未然に防ぐのが施設ってもんじゃないの？　家族さんになんて説明するの？　責任は誰がとるの？　スタッフはなにやってたわけ？」

私は、ゆっくりと息を吸って、吐くよう心がけた。全神経を呼吸に集中させ、気持ちを落ち着かせようと全身全霊で心がけた。これ以上できないくらい、心がけた。

「だきゃらッ‼　事故が起こっちゃったからこうやって電話してるんでしょーが‼　あんたのお説教聞くために、わざわざこんな朝っぱらから電話なんかしませんよ‼　あんた主治医でしょ！　どうすればいいか、さっさと指示を出して下さいよぉぉぉぉぉおッッ‼」

……って言ってやりたいと思っていたら、いつの間にか声に出ていた。

受話器の向こうが沈黙する。一瞬電話が切れたのかと思ったが、通話はつながっていた。

「……じゃあ、どっかの口腔外科を受診して下さい。カルテ確認して紹介状ファックスしますから。それじゃ」

そして、私の返事を待たずに電話は切れた。

……社会人になって、誰かにこのようなブチ切れ方をしたのは初めてだった。

続いて山本さんの家族に連絡を入れる。これが一番気が重かった。

娘さんは私の話を聞くなり、「どうしてそんなことになったんですか？」、「職員さんはなにをやってたんですか？」と感情的に声を荒げた。

だから、こうなるかもしれないって、何度も言ったじゃん……と内心ムカムカしながらも、私はひたすら謝ることしかできなかった。

紹介状は20分ほどでファックスされてきた。

そこは、施設から車で10分ほどの場所にある大学病院の口腔外科だった。

予約の時間まで、あと1時間……私は急いで受診の支度を始めた。

「病院なんか行かない！」と抵抗するかと思ったら、意外にも山本さんは素直だった。実際に痛み、出血している唇と、「病院で診てもらいましょう」という声かけが、彼のなかできちんとリンクしたのかもしれない。

ともかく、私と山本さんはタクシーで施設を出発した。

「痛い？　頭がフラフラするとかないですか？」

「口はちょっと痛いかな。頭はなんともない」

山本さんはそんなふうに答えながら、ちょっとしょんぼりしたように俯いていた。

病院に着くと、彼は落ち着きなくその辺を歩き回り、案内板や貼り紙をひとつひとつ、注意深く読んでいった。

受け付けをしながらその様子を見ていたが、山本さんは何度も首をかしげ、「ここはどこだろう？」といった表情で、周囲をキョロキョロ見回していた。

「山本さん、こっちこっち」

あまりにも山本さんが遠くへ行きそうになると、私はそうやって呼び止めた。私の顔を見るたび、「あ、知ってる人だ」という表情になる彼は、確かな足どりでこちらへ戻って来てくれる。

待合室へ向かうとき、私は山本さんに手を差し出した。「手なんかつなぐわけないだろ！」と怒鳴られるのを覚悟していたのに、彼は「うん」と小さくうなずいて、私の手を握ってくれた。

さっきまでは、「いつもテレビのチャンネルを譲ってあげないからこういうことになるんだよ……」と、正直かなりうんざりしていたが、このときの山本さんを見ていると、少しでも安心させてあげなくては、という気持ちになった。痛い上にどこだか知らない場所に連れて来られたのでは、きっと心細いに違いない……私もつくづく単純である。

私と山本さんは、待合室のソファでもずっと手をつないでいた。

「山本さん、娘さんともこうやって手をつないでお出かけした？」

「さぁ、どうだったかな……」

「お孫さんとは？」

「もう忘れちゃったな」

「今日の朝ごはん、なんだったか覚えてる？」

「……あれ、そういえば俺、朝飯食ったっけ？　おい、お前、俺の飯つくらなかっただろ！」

……モリモリ食ってたじゃねーか……と苦笑いしていると、名前を呼ばれる。私は山本さんと一緒に診察室へと入った。

「あらら〜、こりゃまた派手にやられましたねぇ！　ま、ケンカができるほどお元気ってことですね、たっはっは！」

口腔外科の先生は、大笑いしながら診察を進めていく。見たところ初老を少し過ぎたくらいの、目つきのキリッとした、ガタイのいい先生だった。歳は違うが、どことなく雰囲気がプロレスラーのオカダ・カズチカに似ている。彼の朗らかさは、このときの私にとってなんとも頼もしかった。

診察の結果、山本さんの唇の傷は皮膚を貫通していた。なので、当然縫うことになった。

「えっ、いいよ、縫わなくても治るよ！」

麻酔の注射器を見るなり、表情を強張らせる山本さん……ここで強い拒否を見せ、大暴れされたら困る。私はすぐさまその両手を握り「大丈夫」と目を合わせて励ました。

「はい、ちょっとチクッとしますよ〜」

「あー（泣）」と痛そうな声を出す山本さんの手を、ギュッと握る。「頑張れ頑張れ！」、「もうすぐ終わる！」、「山本さん、漢《おとこ》だね！」、「よっ！　日本一！」、「山本さん、いま世界で一番頑張ってる！」……思いつく限りの言葉で、私は彼を励まし続けた。

「はい、終わりましたよ～！　今日はお風呂やめて、お酒とか刺激物も摂らないようにして下さいね」

縫合はあっというまに終わった。縫うのに使った糸は、のちのち体に吸収されてなくなってしまう「吸収糸」というものだそうで、抜糸の必要はないと説明を受ける。

その他、今後の注意点や再診の予約について話し終えると、先生は帰り支度をしている私に向かってこう言った。

「いやー、それにしても施設の職員さんたちは素晴らしいよね。本当、よくやってると思う。みんな優しいし、親切だしさ。尊敬してるよ」

……頑張ってこらえようと思ったのに、夜勤明けの疲労も相まってか、私の涙腺はものの数秒でブッ壊れてしまった。今朝からずっと張りつめていた気が、先生の言葉で一気に緩んでしまったのだ。

「え!?　ごめん、泣かないで‼」

恥ずかしい思い出だが、アワアワする先生の前で、私はしばらく涙を止めることができなかった……。

会計を済ませたあと、私と山本さんは手をつないで施設まで帰ったが、玄関をくぐるとその手は自然と離れていった。それは、「知っている場所に戻って来た」と、山本さんが安心してくれた証のように思えた。

「おーい、喉が渇いた！　お茶持ってきてくれ」

リビングに入るなり、すっかりいつもの調子に戻って大きな声を出す山本さん。

やれやれ……と思わず笑ってしまったとき、廊下の向こうでこちらを見ている人に気がついた。

仁科さんだった。

「仁科さん、ただいま！　お変わりありませんか？」

私が駆け寄ると、彼はこちらへ向かって深々と頭を下げた。

「この度は、本当に申し訳ありませんでした」

営業職をやっていた頃に磨き上げた宝物だろう、その最敬礼は完璧だった。

「俺、責任とってここを出て行きます。お姉さんには、本当に迷惑をかけました」

……怪我をさせた山本さんについては言及しないところが、なんとも正直な人だ。

私は返事に困ったが、「まぁまぁ、そういうのはおいしいお昼ごはんを食べたあとに考えましょ」と、仁科さんの背中を押してリビングまで付き添った。

彼は眉をハの字にして、何度も「申し訳ないです」と口にしていた。

その後、山本さんの唇の傷は順調に塞がっていき、1週間も経つ頃には完全にキレイになっていた。

「昔、父はとても優しい人だったんです。大声で怒鳴ったり、誰かを殴ろうとしているところなんて、想像もつきません。なんだか、別の人の話を聞いているみたいで……」——森田さんが山本さんの家族に改めて謝罪の連絡を入れると、娘さんは涙声でこう話したという。

穏やかな性格だった父親が、乱暴な言葉を使い、掴み合いのケンカをするような人へと変わってしまったことを、山本さんの娘さんは受け入れられていなかった。

怒りっぽくなったり、感情のコントロールが上手くできなくなるのは、認知症の代表的な症状だ。

現在の医学では、それらはその人がもともと持っていた性格が認知症によって露わになるのではなく、理性を司る前頭葉の機能が低下することによって出現する症状であるとされている。

また、抗認知症薬のなかには怒りっぽくなるという副作用が出る薬も存在する。

介護職は、自分の身内の変貌っぷりに落胆したり、悲しんだりする家族に向けて、しばしばそうした説明をする。もともと怒りっぽかったのではなく、認知症や薬がそうさせているのだと聞いて、納得する人も多い。

けれど山本さんの娘さんにとっては、この説明は逆効果だろうと思う。なぜなら、彼女は自分の父親が〝変わってしまったこと〟そのものに悲しんでいるからだ。

こういうとき、なんと声をかけるべきか……自分だったら、どういう言葉を聞きたいだろう。介護職は、そういうところまで考えていかねばならない仕事だ。

仁科さんの息子さんは、今回の件を受けて居室の引っ越しを承諾してくれた。彼もまた、「そこまでのことになるとは思わなかった」と、声を震わせたらしい。

この事故は、その後の介護職人生に響く、大きなトラウマになった。今でも、男性利用者同士がすれ違ったり、話をしているのを見るだけで、神経が張りつめ、心臓がバクバクしてしまう。

しかし、パンドラの箱の希望のごとく、間違いなくひとつだけ輝いていたものがある。

それは、口腔外科の先生だ。

彼は私にとって、医療職の〝最推し〟になった。もし、私が口の中を怪我したら、そのときは絶対あそこにかかりたいと思う。ちょっと遠いけど……。

24 リアルファイトクラブ勃発……山本VS.仁科・後日譚

9時。
今日は2階のヘルプ。
私は、ラジオ体操の準備をしているところだった。
コンッ。
そのとき、リビングの窓に何かがぶつかるような、かすかな音が聞こえた。
最初は気に留めなかった。けれど、それは二度三度と続いた。
さすがに気になり、私は窓を開けて周囲を見渡した。

「畑江さん！」

——その密やかな声は、下から聞こえた。

私の名前を呼んだのは、いつもプレイしている乙女ゲームの推しだった。


「迎えに来たんだ！　逃げよう！」

「な、なにを言って……」

「早く！　今しか時間がない！」

「……」


私は窓から離れた。

そして、ラジカセの再生ボタンを押した——「ラジオ体操第一！」爽やかな男性の声と軽快なピアノの音が、リビングに響き渡る。

利用者は腕を伸びやかに動かし、深呼吸を繰り返す。いつもと同じように、体操の時間が進んでいく。

具合の悪そうな人もいなければ、誰かが誰かを殴ったりもしない。均衡のとれた平和な時間。

穏やかな日常は、絶妙なバランスの上に成り立っている。

そう考えたとき、私は動悸がした。それが崩れるのは一瞬だ。均衡は、決して強固ではない。むしろ、ガラス細工のように脆く、遠い昔に交わした口約束のように不確かだ……

私は、それをよく知っている。

逃げよう、と思ったそのときには足が動いていた。

熱心に体操に取り組む利用者たちから、一歩、また一歩と離れていく。誰も私のことを止めたりはしない。不審にも思わない。ただひたすらに、みんな一生懸命に、できる範囲で腕や足を動かしている。

私はフロアを出た。

そして、ピアノの音に背を向け、なにかに憑かれたように走り出していた。

「畑江さん、来てくれたんだね。さあ、乗って」

私が後ろに乗ると、自転車はすぐに滑り出した。

頬に風を感じる。生まれたばかりの緑のにおいがする、初夏の風だ。自転車は徐々に速度を上げて、施設からぐんぐん離れていった。

「どこへ行くの？」

彼のワイシャツを掴み、尋ねてみる。毎日飲み物を買うコンビニや、郵便物を出しに行く郵便局が、視界の端を走馬灯のように流れてゆく。

「どこだっていい。ここじゃないところに、君をさらって行けるなら」

……ああ、なんて甘い言葉だろう。

その声を聞いて、クラッ、と視界が揺れた。それがめまいなのかときめきなのかは判じがたかった。

だけどひとつだけ確かなのは、私は彼を心の底から愛しているということだ。このままふたりで、きらめく風になってしまえたら……そんなことを考えた私は、――……。


ピピピピ、ピピピピ、ピピピピ……。


目を開けると、見知った天井があった。

頭が割れるように痛い。

机の上には、アサヒスーパードライの空き缶が5、6本。床にもいくつか転がっている。時刻は6時。やかましく鳴り響くスマホのアラームを止めて、私はのっそりと起き上がった。

……年々、いい夢を見たあとの虚脱感に耐えられなくなってきている。だから最近は、いい夢を見たくないとさえ思っている。悪い夢のほうが、起きたとき、「夢で良かった」と思える分、目覚めがいくらかマシだ。

これがリアルファイトクラブの後遺症か……背筋が寒くなる。私は、相当参っているらしい。

仕事、行きたくないな……カーテンの隙間から差し込む朝日を見て、重たいため息が漏れた。

事故から3日。

今日は仁科さんのお引越しの日だ。

他の職員と打ち合わせを重ね、段取りは次のようになった。

Oxogar

まず、仁科さんにはお引越しの〝本当の理由〟は伝えない。彼の罪悪感を刺激し、長期にわたって落ち込ませてしまう可能性があるからだ。

一日の流れを考え、お引越しは朝から開始する。2階の田代さんという物静かなおばあさんと居室をチェンジする、入れ替え作戦だ。

荷物の搬出・移動など、作業は1時間程度で、なるべく速やかに終わらせる。その後、2階の職員に仁科さんの生活歴、注意点などを引き継いで終了。

引っ越し作業にあたる職員は、私と2階の職員1名ずつ。

……上手くやれるだろうか……私は不安で仕方がなかった。

重たい胃を抱えて出勤すると、仁科さんはお茶を飲みながら新聞を読んでいるところだった。私に気がついて、「おはようございます」と挨拶をしてくれる。

「見て下さいよ。外国では、生活にこんなに格差があるんですね。日本はまだ、恵まれているほうでしょうか。政治はダメだと思うけど、この国よりはずっと……」

わざわざ席を立って、新聞の記事を見せに来てくれる仁科さん。

彼は、世界情勢の話をするのが好きだ。記事を読んで、自分が感じたことを饒舌に語ってくれる様子を見ると、山本さんとの一件からはだいぶ立ち直っているように感じられる……。ホッとするのと同時に、それは私にとって大きなプレッシャーにもなった。

……ダメだ。どうしてもソワソワしてしまう。

「お姉さん、なんだか今日は辛そうな顔してるね。具合でも悪いの？」

……さすが、元営業職。仁科さんは、人の顔色や表情にかなり敏感だ。というか、そんなことを利用者に言わせてしまうなんて、私はなんて情けない職員だろう……。これでは、ますます言い出しづらくなる。

「に、仁科さん、あのさ……実はね、2階から1階にお引越ししたいっていう人がいるんだ。それでね、もし良かったら、仁科さんとお部屋を交換できたらって思ってるんだけど、どうでしょう？　2階には1階よりもたくさん本があるし……」

仁科さんの顔が、えっ、と驚きの表情で固まる。

機転が利かない自分が本当にイヤになった。

「……そうですか、わかりました。要は、追放処分ってことですね」

「つ、追放!?　いやいや、違いますよ、そういうことじゃなくて……」

「いや、いいんです。俺が悪いのはよくわかっていますから。なにせ、あんな暴力事件を起こしちゃったんだから……」

……仁科さんは、自分がしてしまったことをよくわかっていた。

こうなる前に、家族さんを無理にでも説得して、生活フロアを別にできていたら……あのとき私がヒメコさんをトイレに連れて行かなければ……しても仕方のない後悔が胸のなかで渦を巻いた。

その日、仁科さんは終始悲しそうな顔をしていた。けれど荷物の搬出作業はしっかり手伝ってくれたので、お引越しは1時間もかからずに終わった。

「お姉さん、今まで本当にお世話になりました。重ね重ね、ご迷惑をおかけして申し訳ありませんでした」

私が1階へ戻るとき、彼はそう言ってまた頭を下げた。まるで今生の別れを惜しむような、これから死にに行くような……そんな表情だったのを、私は今でもよく覚えている。

「そんな顔しないで！　また遊びに来るから！」

またねー、と手を振ると、仁科さんは悲しそうな顔のまま笑って、手を振り返してくれた。

私も、1階に仁科さんがいなくなってしまったさみしさで、胸にぽっかりと大きな穴が空いたような感じになってしまった。

それから1か月後。

また職員がひとり〝飛んだ〟ので、私は2階のヘルプに入ることになった。

私が入職してから、そろそろ1年半。いったい、これまで施設全体でどれだけの職員が突然来なくなっただろう。7人目くらいまでは覚えているが、途中で数えるのをやめてしまったので正確な人数はわからない。

……いや、そんなことよりも、今日は久しぶりに仁科さんと一日過ごせるのだ。どうしているかな……心配半分、楽しみ半分な気持ちでタイムカードを押す。

「はい！　それじゃあ皆さん、体操の時間です！　まずは深呼吸をしましょう！」

すると、そんな力強い声が聞こえてきた。

……ん？　もう新しい人を雇ったのか？　ずいぶん年配の方に見えるけど、シニア枠だろうか？　……と思ったら、それはなんと仁科さんだった。

「ほらほら！　体をしっかり起こして！　できる範囲でいいですからね～！」

私は目を疑った。

仁科さんは、今まで聞いたことのないようなハツラツとした声で、なんなら職員よりも元気に、体操の時間を仕切ってくれていたのだ……。

「仁科さん、毎日超楽しそうだよ」

ポカンとしている私に、2階の職員が笑いをこらえてそう伝えてきた。

引越して最初の一日、二日は落ち込んだように部屋から出て来なかったらしいのだが、だんだん慣れてくると彼はまず体操に参加するようになった。そして今では、職員の代わりに前へ出て〝体操のお兄さん〟をやっているというのだ。

それだけではなく、仁科さんは料理や洗い物、洗濯、風呂掃除など、様々なことを手伝ってくれるという。どれもこれも、1階にいた頃は見られなかった行動だ。昔は体操に誘っても、「いいですよ、私は……」と、照れくさそうに居室へ逃げ帰ってしまっていたし、家事の類は、「自分は男だからそういうのは苦手で……」と、台拭きを触ろうともしなかった。「台所は女性が入る、神聖な場所ですから」と、やけに仰々しい言葉を聞いたこともあった。

それなのに……いったいどうしちゃったんだ、仁科さん!?

私は、1階にいた頃の仁科さんと今の仁科さんを照らし合わせて考察した。そして、私なりの結論を出した。

きっと、こういうことだと思う。

まず、2階には仁科さんほどしっかりしている利用者はひとりもいない。皆、意思の疎通が難しいとか、ごはんを自分では食べられないとか、一日中ソファでウトウトしているとか、そういう介助量の多い人たちばかりだ。だから、自分が皆のお世話をしなくては、職員の助けにならねば……という使命感に駆られたのではないか。

もうひとつ、2階の利用者は仁科さんを除いて全員が女性だ。

1階では、山本さんやヨウさんという自分と同じ男性がいたので、常に彼らの目を気にして行動していた。つまり、体操や家事に取り組むのが恥ずかしかったのではないだろうか。

家事も、体操も、仁科さんは〝できる〟のに。

「その人のできることに注目し、残存能力の維持・活用に努めていく」という言葉に、私は頭を思いっきり殴られたような気がした。

私たちはこれまで、仁科さんは体操が好きではないのだろう、家事は今までやってこなかったのだろうと思い込み、取り組まない・参加しないという彼の選択を尊重し続けてきた。そこに根本的な生活環境が関係しているかもしれないなんて、考えもしなかった。

仁科さんのここに来るまでの生活を、頭のなかで勝手につくり上げてしまっていたのだ。職員が「一緒にやりましょう」と必死に誘わなくたって、環境が変われば、仁科さんは勝手にやる人だったのだ。

しかも、あんなに楽しそうに。

「あっ！　お姉さんじゃないですか！　どうも、お久しぶりです！　一緒に体操やりませんか！」

まさか、仁科さんに〝体操のお誘い〟をされる日が来ようとは……ここで断る理由はない。私は彼の隣に失礼して、体操に参加した。

「いやあ〜、2階はいいところですね！　静かで、のんびりしてて……でもやることは、たくさんあるんですよ」

まるで職員のような感想を口にする仁科さん。もう彼を、利用者兼職員、みたいな扱いにして、利用料のいくらかを割り引いてあげてもいいんじゃないかとさえ思った。

「仁科さん、あとで裏の草むしり手伝ってくれますか？　ちょっと重労働だけど……」

「はいはい、お任せ下さい！　喜んでやりますよ！」

久しぶりのヘルプは、仁科さんがいてくれたおかげでめちゃくちゃ楽だった。そして、楽しかった。

介護のいろはを説いた本では、しばしば、「利用者になにかお手伝いをお願いして、やってもらったことに対してはしっかりとお礼を伝えましょう」というようなことが書かれている。これには、その人の残存能力を維持していくという目的の他に、こちらが相手を頼ることで、利用者に生き甲斐を感じてもらう、という目的も含まれている。

そうした理屈は、今までの私にとって「本から得た知識」の域を出なかった。しかし、仁科さんの顔を見て、強い実感へと質を変えた。

〝頼られる〟ということはやはり生き甲斐に直結することなのだ。

リアルファイトクラブは、私にとっては思い出すだけでもゾッとする出来事だ。けれど、あの事故がなければきっと、仁科さんが2階へ移動することもなかっただろう。

いま考えると、そうして彼から〝できること〟を奪い続けてきた日々が、この先もずっと続いていたかもしれないことのほうが、はるかにゾッとする。

25 テンションが最も上がる重たいゴミ袋瞬間

夜勤明けの業務で、私のテンションが一番上がる瞬間。それは朝のゴミ捨てで、重たいゴミ袋を持ったときだ。

ゴミ袋の中身は、使用済みのオムツやリハビリパンツ、尿取りパッドである。これらは、夜間利用者が寝ている間に失禁して布団やパジャマを汚してしまわないよう使用しているが、もちろん数時間おきにトイレへも連れて行く。そのタイミングで、もし汚れていたら新しいものに交換する、という流れだ。

リハビリパンツというのは、使い捨ての紙パンツだ。陰部が当たる部分に吸水ポリマーが付いていて、尿を吸収してくれる仕組みになっている。オムツとの違いは、オムツがテープ式で腰のところで留めるようになっているのに対し、リハビリパンツは足を通してはく普通のパンツと同じ形状をしているというところだ。

尿取りパッドは、オムツやリハビリパンツの、陰部が当たる部分に敷いて使用する。オムツやリハビリパンツは高いので、それだけで使っていると出費がかなりかさんでしまう。なので、比較的安価な尿取りパッドを併用することで汚染を避けられ、1枚のオムツやパンツを長くはくことができるのだ。たとえば、尿取りパッドを一日で5枚使用し、リハビリパンツやオムツは汚染がなければそのまま一日通して使用できる、というようなイメージだ。パンツの、尿で汚れた部分だけをとり換えることができる、といってもいい。

もちろん、尿がパッドからあふれてしまい、オムツなどにまで汚染が及んでいたら、それらも取り換えなければならない。排泄物で汚染されたパッドやオムツなどをいつまでも着けていると、陰部がかぶれたり尿路感染にかかったりもする。なので、適切なタイミングでトイレへ誘導し、いつもキレイな状態の下着を着けていてもらう、というのが理想だ。

また、尿取りパッドは布パンツとも併せて使えるので、最近尿失禁が増えてきたな……でも、リハビリパンツはまだちょっと早い気がする……というときに、しばしば導入される。認知症の人のなかには、オムツやリハビリパンツに対して強い抵抗感をもつ人もいる。

排泄の失敗が目立つようになってきたからといって、すぐにオムツやリハビリパンツにしてしまうと、その人の自尊心を傷つけ、認知症を悪化させてしまう場合もある。また、抵抗感をもたない人の場合であっても、尿意や便意を覚えたらトイレに行く、という流れを日常生活のなかで保っていくのはとても大切なことだ。どれくらい大切かというのは、ここで私がゴチャゴチャ説明するよりも、自分の大切な人や、自分自身に置き換えて考えてみると、ハッとするほどわかりやすいと思う。

以前、ある利用者が尿取りパッドのことを、「お守りみたいなもんだよ」と言っていたのが印象に残っている。

認知症の高齢者のなかには、排泄行為の意味や排泄の手順自体がわからなくなってしまい、トイレを失敗してしまう人も多いが、その人は単に歩行がゆっくりなため、尿意や便意を覚えてもトイレまで間に合わないときがある、というタイプの人だった。

尿取りパッドを使用する前まで、その人はいつもトイレのことを気にしており、水分もなかなか摂取してくれなかった。しかし、パッドを使い始めてからは、非常にリラックスした状態で日常生活を送れるようになり、水分もグビグビ摂ってくれるようになった。トイレへは、変わらずゆっくりとした足どりで、自分で歩いて行っている。

利用者の尊厳と、安心感。どちらを優先させるべきか、介護職は状況を見て判断していかねばならない。これが結構難しい。排泄に関することは、それくらい繊細な問題だ。

夜間は、夜用の大きな尿取りパッドが便利である。

昼間の起きている時間帯ならば、本当は2時間に1回はトイレへ連れて行ってあげたほうがいい人も、寝ているときだとそうもいかない。2時間に1回起こしていては安眠妨害になってしまうし、自分でトイレに起きる人も、昼用の小さいパッドでは安心して熟睡できない場合がある。

なので、夜寝る前には夜用のパッドを着けてもらい、トイレ誘導は4時間に1回する、などの工夫をしていく。

夜勤中、ゴミ袋はこうして尿を吸った尿取りパッドやリハビリパンツでいっぱいになっていく。吸水ポリマーは水分を吸うとかなり重たくなるので、ゴミ袋はいつもだいたい3キロ弱ほどの重さになる。

朝、そのゴミ袋を捨てに行くとき、重たければ重いほど、私はテンションが上がるのだ。

誤解しないでいただきたいのだが、私に排泄物を嗜む趣味はない。

なんというか、利用者の皆さんがしっかり体からいらないものを出せていることに対して、しみじみうれしく思ってしまうのだ。

ゴミ袋がちょっと軽い日には、「あれ？　皆、全然おしっこしてないじゃん……」とテンションが下がる。その分、夜トイレで用を足せていれば問題ないし、グループホームではリハビリパンツや尿取りパッドが家族負担なので、使用枚数を節約できたことは喜ばしいことでもあるのだが、どうにも私はあの重さに心を奪われているようなのだ。

入職する前は、排泄の介助が一番怖かった。

他人の便や尿を毎日処理しなければならないなんて、精神がもつだろうか……というか、これまでの人生で、排泄物をそんなマジマジと見る機会もなかった。自分の心が最初に折れるとすれば、おそらくここだろうと思っていた。

ところがどっこい、人生は何が起こるかわからない。

今では、尿を吸ってずっしりと重たくなった尿取りパッドを持ったり、オムツや便器に出た多量の便を見たりすると、「やったー‼」とうれしくなるのだ。

未排便が続いており、お腹がパンパンに張ってしまっている利用者を見ると、自分までスッキリしない気持ちになる。そして、それが解消される瞬間に立ち会うと、まるで我がことのようにスッキリしてしまうのである……。トイレは他人に代わってもらえないが、まるで代わってもらったような気持ちにさえなる。不思議だ。

利用者のなかには、「下の世話をさせるなんて、申し訳ない」とか「汚いことをさせてごめんね」というような言葉を口にする人もいる。

たしかに、他人に排泄の手伝いをしてもらうのは、本人たちにとってかなり辛いものがあると思う。自分と置き換えて考えても、恥ずかしいやら申し訳ないやらで、終始俯きたくなると思う。

……そんなことを言っておいてなんだが、難しいかもしれないけれど、そこはどうか気にしないでほしい。いや、何より私も、そういう申し訳なさを少しでも払拭できるような声かけや対応の仕方を、利用者に合わせて、まだまだ考えていかねばならない。

……それはそれとして、やっぱり私は、利用者の皆さんがしっかり食べて飲んで、ちゃんと出してくれるのが、体が健康なサイクルを営んでくれているのが、とてもうれしいのだ。

第4章
推しごと

26 帰れない大晦日 帰れないお正月

事務職をやっていた頃は、年末年始の休みがあった。

しかし、介護職は基本的に年末年始も仕事である。どうしてもと頼み込めば休むこともできるのだが、だいたいこういうときの連休は家庭をもっている人が優先される。私は独身なので、毎年、問答無用でシフトにブチ込まれていた。

人手不足なのは重々承知だが、年末年始手当が出ていなきゃ暴れているところである。

元日の出勤前は、1年で一番気持ちがくさくさしているときだ。

年末年始ダイヤの電車に、妙に空いている駅のホーム、朝帰りの若者、正月飾りのついた商店街のシャッター……見るもの全てに腹が立ち、「なんで私が出勤なんだよ」という気分になる。もはや、恨みつらみが服を着て歩いているようなものだ。ちなみに森田さんも独身のはずなのに、彼女はなぜか毎年三が日までしっかり休んでいた。さすが、という他ない。

さて、出勤してみれば年が明けてもたいして変わらないフロア。

一応、お正月っぽい飾りつけはしてあるものの、今日がお正月だと認識している利用者はひとりかふたりくらいしかいない。

「今日はお正月ですよ」、「あら〜そうなの、知らなかった」という会話があったとしても、その数分後にはそんなことはキレイさっぱり忘れているのである。

「キノコさん、あけましておめでとうございます」

「あぁ〜、そう、おめでとさん。お腹空いたでしょ、おにぎりでも焼いて食べたら？」

……おにぎり？　お餅じゃないんだ？

「山本さん、あけましておめでとうございます」

「え？　もう正月かい？　書初めでもやるか」

山本さんは毎年、半紙に自分の名前を四字熟語のようにデカデカと書くので面白い。きっと熟語の意味は、〝ガンコジジイ〟だ。

「トミさん、あけましておめでとうございます」

「うるさい！　今テレビ観てんの！」

……話しかけてごめんね……。

「ヒメコさん、あけましておめでとうございます」

「……」

無言でうなずくヒメコさん。けれどその顔は笑っている。今年も元気そうで良かった。

「キヨエさん、あけましておめでとうございます」

「おめでとうございます」

お！　久しぶりに会話が成立した！　しかも笑顔でペコッとしてくれた！　今日出勤で良かったかも……！

「ミエさん、あけましておめでとうございます」

「え？　ましておちょんが？　なによぉ、わかんない」

ミエさんは今日もほとんど寝ていないらしい……。まぁ、大晦日から元旦にかけては日本中の多くの人が起きていただろうし、今日に限ってはそれでもいいか、という気になる。

「ヨウさん、あけましておめでとうございます」

「おめでとう。正月？　餅食う」

……お餅、ダメ、ゼッタイ‼

「ハナさん、あけましておめでとうございます」

「え？　今日お正月なの？　やだ～早く言ってよ！　なんにも用意してないよ！　あんた、なに食べたい？」

「伊勢海老！」と答えると、「ンなもん買う金どこにあるんだよ！」と怒られた。ハナさんは怒った様子も可愛らしいので、ついついこういう絡みをしたくなってしまう。

来年のお正月は、ハナさんと漫才コンビを組んで、皆の前で披露するのもいいかもしれない……。ゲラゲラ笑いながら、私はそんなことを考えた。

「田代さん、あけましておめでとうございます」

「はいよ」

田代さんは、この間、仁科さんと居室をチェンジした元2階の住人だ。計算問題が得意で、いつもそろばんを使って足し算や引き算のプリントに取り組んでいる。年齢は80歳。物静かなおばあさんで、昔は旦那さんと一緒に瀬戸物屋をやっていたらしい。

田代さんのすごいところは、難しい暗算もできるところだ。「482＋295は？」と問題を出すと、空中で指先を動かし、見えないそろばんをはじく。そして「777」と、5秒ほどで正解が返ってくる。

私はこの答え合わせをするのに、スマホの電卓アプリを使わねばならない。業務中の買い出しでかかった費用を精算するときなどは、本気で田代さんに手伝ってもらいたくなる。

1階に引っ越してきて3か月ほど経つが、彼女は1階にいようが2階にいようが自分のペースを崩さない人だった。リビングにいるときはだいたい計算問題を解き、疲れたらボーッとテレビを観る。山本さんの爆声軍歌にも動じず、ミエさんに独特の言語で話しかけられても取り合わず、自分の心の赴くままに日々を過ごす。

強すぎるメンタルに落ち着いた物腰、驚異の暗算スキル……田代さんは、私にないものばかりもっている。

お正月はレクリエーションに特別な食事と、やることがてんこ盛りで超忙しい。

炊き込みごはんやお刺身の仕込みをしたあとは、利用者に書初めをやってもらう。筆だの半紙だの墨汁を用意するのは結構時間がかかって大変なのだが、字を書いてもらうのはもっと大変だ。なぜなら、書初めそのものを理解できなくなっている人が多いからである。

筆を持っても戸惑ってしまったり、一緒にやりましょうと声をかけても、「こんなのできないわよ！」といじけてしまったりする利用者を見ていると、もう皆で『マツケンサンバ』を観ているほうがハッピーなんじゃないかと思った。

何かしらレクリエーションをやらねばならないという施設側の都合で、やりたくもないことに無理に付き合わせるのは心が痛む。

2月には節分、3月にはひな祭り……と、うちの施設では季節や祭日にちなんだレクが毎月企画されていたが、これには利用者に季節を感じてもらう、という目的がある。この点は私も賛成だ。ただ漫然と、何もやらずに1年を過ごしていたのでは、生活にメリハリが出ないし、心の豊かさも失われてしまう。

ただ、全員が参加できるレクを企画するのはとても難しい。認知症の程度や、体がどれだけ動くかなどは利用者それぞれで異なるからだ。皆が一定のレベルならば考えようもあるかもしれないが、そういう状況の施設は稀ではないだろうか。

だから、毎月のレク担当職員は、自分の番が回ってくると頭を抱えるようになる。私もそうだ。

ミエさんになんとか筆を持ってもらい、「元旦」と書いてもらおうと頑張っていると、「できたぞー!!」という山本さんの声に呼ばれる。

彼は今年も、字から爆声が聞こえてきそうな筆致で、自分の名前を書いた。

チラッとミエさんのほうを振り返ってみると、彼女は半紙に投げ出した筆を睨みつけている。

山本さんのように意欲的な利用者にはガンガンやらせてあげればいいと思うが、ミエさんのような利用者にはあまり無理をさせたくないというのが私の本音だ。楽しくなさそうにしているのを見ているのは辛い。それなら、せっかくのお正月なんだし、まったりダラダラ過ごすのも私は正解だと思う。それだって、立派な、しかもかなりリアルな〝季節感〟ではないだろうか。

……ということを考えていると、私は「本当は利用者の皆さんだって、正月をこんなところで過ごしたくないよな」ということに思い至った。

仕事とはいえ、ぶっちゃけ私だってそうだ。叶うことならば家で母の作ったお雑煮を食べて、くだらない正月番組を観て、家族でダラダラ過ごしたい。外は寒いし、家からは一歩も出たくない。気を張る作業はなにもしたくないし、書初めなんて冬休みの宿題以外でやったことがない。

けれど、うちの施設では年末年始に利用者を一時帰宅させるという家族はほとんどいなかった。

その理由も痛いほどわかる。我が家もそうだったが、家族としては、年末年始こそ利用者を施設に預けておきたいのだ。

皆きっと、何かしらやることがあるのだろう。年末年始の休みくらい、ゆっくり過ごしたいのだろう……年が明けたからといって、顔を見せに面会に来る家族もほとんどいない。

やりたくもない書初めに、馴染みのない味の正月料理。住み慣れた家で過ごせない元日……私ら、お互い切ないね……という気分になる。

ただ、私はシフトの時間が終われば家に帰れるが、利用者はそうではないのだ。

……「なんで私が」などと、不貞腐れている場合ではない。

ここにいたほうが楽しい、とまではいかなくとも、少しでもいい。一瞬でも、ここにいる全員の気分が盛り上がるようなことはないか……そしてできれば、私自身も一緒に楽しい気持ちになれるようなこと。

あまり盛り上がらない書初めを早々に切り上げ、私は施設のノートパソコンをテレビにつないだ。

「皆さん！　今日はお正月だし、上様と一緒に踊ろう‼」

訳のわからない理屈だとは、自分でもわかっていた。

一緒にシフトに入っていた先輩職員も、「え……？」と困惑の表情を浮かべている。後輩が突然レクの段取りにないことをやり始めたら、そりゃそういう顔になるだろう。

フロアに響き渡る、軽快な和製サンバのリズム……皆の注目が、テレビ画面に集まる。

「あれ？　これ、松平健じゃないか？」

「ええ〜、嘘、こんな変な格好じゃないでしょ」

「いやでも、いい男だよこの人……」

輝く衣装に身を包んで歌い踊る上様に、あの田代さんも首をユラユラ動かしてリズムをとっている。

もう一押しだ！　私は動画に合わせて踊った。

すると、皆も思い思いに踊り始めてくれたのだ。

椅子から立ち上がって踊る人、椅子に座ったまま上半身だけ動かす人……参加の仕方は、それぞれだった。

「は、畑江さん、これは……？」

「先輩も一緒に踊りましょっ！」

「このあとは、お正月の歌を皆で歌わなくちゃ……！」

歌わなくちゃ〝いけない〟……その考え方こそが、全てをつまらなくするのだ。というか、『マツケンサンバ』こそ、おめでたいときにふさわしい一番のブチ上げナンバーだろう。滑ったら即やめて、『一月一日《いちじつ》』や『お正月』を流そうと思っていたのだが、皆ゲラゲラ笑いながらノリノリになってくれている。

この勢いを白けさせるわけにはいかない！　私は照れることも忘れて無心で踊り続けた。なんだか、リビングにミラーボールが見えるような気がする……盛り上がりは最高潮だ！

気がつけば、先輩職員も一緒になってフィニッシュのポーズを決めてくれていた。

「もう終わり？」

「今のもう1回見たい」

「やっぱあれ、松平健だよねえ？」

……なんと、アンコールを頂戴してしまった……。

正直、もう1回全力で踊れる自信はなかったが、ここでその要望に応えない選択肢はない。

結局、この日は合計5回ほど、皆で『マツケンサンバ』を踊ったのだった……。

「めちゃくちゃ盛り上がりましたね……」

知らない間に施設のスマホで録画していた先輩職員が、その動画を再生して見せに来る。

私たちはもう汗だくだった。しかも、皆の声（特に山本さん）に負けないくらいの声量で掛け声を飛ばしていたので、喉もガラガラだ。

動画は、先輩の笑い声はもちろん、利用者の笑い声もあふれんばかりに入っている、なかなかいいものだった。

後日、お正月のレクを企画した職員からは、「なんでお正月の歌を歌ってくれなかったんですか！」と怒られたが、この動画を見せると納得してもらえた。

決まっていることをぶち壊すのがいいことだとは思わないが、まぁ、たまにはこういうことがあってもいいんじゃない？
オレッ！

27 摩訶不思議入れ歯を外す人々

朝食、昼食、おやつ、夕食。

利用者が何かを食べるときは、必ず職員の目の届くところで、というのが介護職の常識だ。

毎日三度の食事のときは、変な姿勢で食べていないか、むせ込んでいないか、喉に詰まらせないか、利用者の様子をしっかりと見守る。変な姿勢でものを食べていると誤嚥《ごえん》する危険があり、「誤嚥性肺炎」につながるリスクが高まる。なので、姿勢が崩れてきた人がいたら、その都度、姿勢を直してあげなくてはいけない。

誤嚥性肺炎とは、本来、食道に入っていかなければならない食べ物や唾液が、口内の細菌と一緒に気管に入ってしまい、それによって引き起こされる肺炎だ。高齢者は喉の筋力が低下しており、反射も弱っていたりするので、むせ込むにしても十分に咳き込めない場合が多い。

誤嚥性肺炎は高齢者の代表的な死因でもあるため、食事中の様子には細心の注意を払うことが求められる。もちろん、口内の清潔を保つことも大切だ。

おやつのときは、それに加えて利用者がおまんじゅうなんかをこっそり居室に持ち帰ったりしないか、目を光らせておく必要がある。夜、居室に帰ったあと、ひとりでおまんじゅうを食べて喉に詰まらせ、職員が気がつかない間に亡くなっていた……というケースも十分考えられるからである。

なので、食事の時間はとても神経を使う。

食事の介助をしながら、9名の利用者全員にくまなく注意を払うというのは、簡単なようでとても難しい。

なかでも一番困ったのは、食事中に入れ歯を外す人がちらほらいたことだ。

「田代さん？　歯、入ってる？」

夕食のとき、唇が妙にすぼまっているのに気がついて声をかけると、田代さんは「バレた？」というような顔をして、こちらを見た。

彼女はズボンのポケットに、上下の入れ歯をしまい込んでいた。

「喉にごはんを詰まらせたら大変だから、歯を入れて下さい」

私がそう言うと、田代さんは「はい」と返事をして、素直に入れ歯をつけてくれる。

しかしその5分後に再び確認すると、いつの間にかまた歯を外してズボンのポケットに入れているのである。

ちなみに、この5分間私が何をしていたのかというと、ハナさんが入れ歯を外していたのに気がつき、「歯をつけて下さいね」とお願いしに行っていたのだ。

「田代さん……何度もごめんね、ごはんが喉に詰まっちゃったら困るから、ちゃんと歯をつけておいてほしいんですよ」

私は心のなかでため息をついていた。入れ歯をアロンアルファでくっつけたろか、とさえ思った。

田代さんは総入れ歯なので、歯がついていなければ食べ物を丸飲みするしかないのだ。歯がなくなった高齢者は歯茎が硬くなり物が噛めるようになるとか、上顎と舌である程度はすり潰せるとか、そういう話は聞いたことがあるけれど、危険なことに変わりはない。

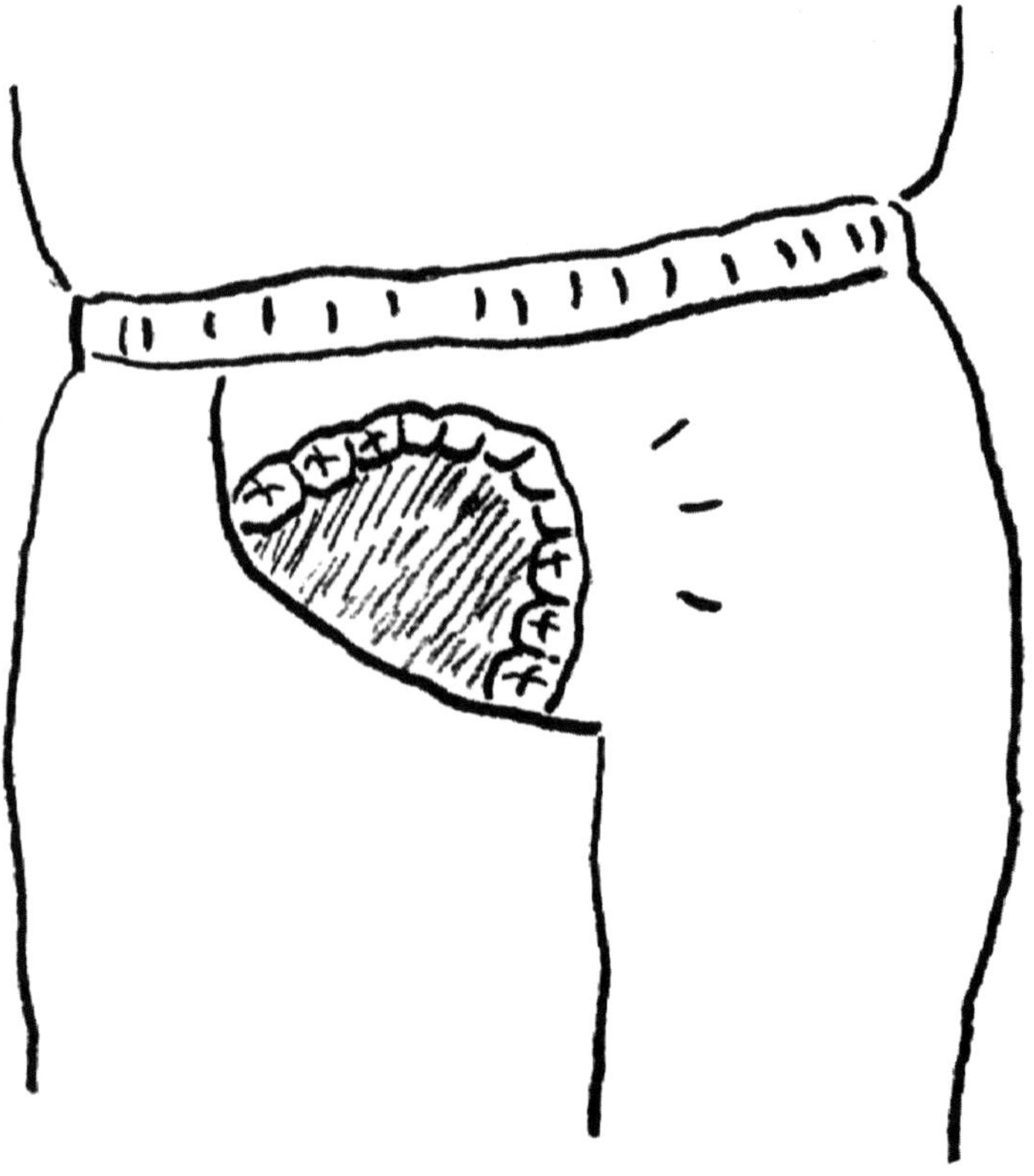

「……これ入れると、食べ物の味が変わっちゃうのよ」

しぶしぶ歯を入れながら、田代さんはそんなことをつぶやいた。

「変わるって、どんなふうに？」

「入れ歯の隙間に物が挟まったりしてね……いろいろあるんだけど、ごはんがおいしくなくなっちゃうの」

……私は言葉を返せなかった。自分にはそうした体験がなく、彼女の言っていることに実感をもって返事ができないと思ったからだ。


私は食べることが大好きだ。

夜勤明けの汁なし担々麺、オタク友達と贅沢を楽しむホテルのアフタヌーンティー、スマホをいじりながらひとりで黙々と食べる牛丼、録画したアニメを観ながら食べるからみ餅、最近ハマっているオシャレなパフェ巡り……。挙げればキリがないが、食べることは私にとって、幸せに直結している。

利用者の家族から職員に差し入れてもらったお菓子にも速攻で手をつけるので、「いただきもの荒らしの畑江」という異名を森田さんからもらったほどだ。

食感、味、香り、喉越し、胃に落ちたあとの満足感。

食べ物がおいしくなくなる、というのは、すなわちそういうものを得られなくなる、ということだろうか。

自分に置き換えて考えてみれば、そのストレスは大きすぎる。世界の半分以上が色を失った、と言っても過言ではない。

田代さんにも、今の私のように上下の歯があり、食べ物をおいしく食べられていた時代があったはずだ。

あのお店の料理が気になる、このお店のお菓子を食べてみたい……そういう楽しみに振り回されていた時期が、彼女の人生のなかにも少なからずあったのだろうと想像してしまう。

人生のなかに当たり前にあったものを失ったときの喪失感は計り知れない。どうにかしてそれを取り戻せないか考えるものだし、失ってしまったことを残念に思う気持ちはどうしても大きくなってしまうだろう。

だけど私は、その喪失感に――〝食べ物をおいしく食べたい〟という渇望に、実感がもてない。

なぜなら、私はいま現在、自分の歯でなんでもおいしく食べているからだ。

「そっか……そういうものなのかな。でもね、田代さんが食べ物を喉に詰めて苦しんでるのを見たくないいんだよ」

田代さんに話しかける声が、自然と小さくなってしまう。

もっともらしいことを、もちろん大切なことを言っているのだけれど、「あんたに私の気持ちはわからないよ」と言われてしまえばそれまでだ。実際、本当にわからない。

彼女はただ、食事をできるだけおいしく食べたいだけなのに、結果的にそこに水を差すことになるのは、なんともいたたまれない気持ちになる。

私の想像力では限界がある。田代さんのストレスを正確に共有できる、魔法のようなツールがあればいいのに。

「……お姉さんには、心配ばっかかけるね」

田代さんは再び入れ歯をつけて、食事を再開した。けれどやっぱり、そのあとも何度か入れ歯を外してしまった。

後日、私はこの件を職員間で共有し、訪問歯科にお願いして入れ歯の調整をしてもらうことになった。

入れ歯の隙間に食べ物が入ってしまうのは、そもそも入れ歯が田代さんの口内にフィットしていないからではないか、と森田さんが意見を出してくれたのだ。

歯科医に診てもらった結果、田代さんの入れ歯はやっぱり少しゆるくなっていた。

なので、彼女の口内にしっかり沿うように調整をしてもらい、できるだけ食べ物が挟まらないようにいろいろと工夫をしてもらった。

これで、ちょっとはおいしくごはんが食べられるようになるかな……と、我々は希望を感じた。

しかし、現実はそう上手くはいかなかった。

入れ歯の調整後も、田代さんは食事中に何度となく入れ歯を外してしまうのだった。

私はその都度、また声をかけることになる。

「そんな気にすることないよ。私が死んだって、別に誰も困りゃしないんだから」

……その発言は、田代さんのもともとの性格によるものなのか、それとも食べ物をおいしく食べられなくなったことに起因するものなのか……。

「困る困る！　田代さんがいなくなったら毎日つまんないじゃん！」

「あははは、ま一たこの人は……」

それからの日々、私は「入れ歯をつけて下さいね」と何度も何度も田代さんにお願いし続けた。

彼女の痛みを知らず、未熟な想像力しかもっていない自分には……そして何より、利用者の安全が第一である介護士の自分には、そうすることしかできなかったのだ。

もし私が田代さんの孫娘で、彼女が目の前で入れ歯を外して食事をしていたら、何も言わないかもしれない。

28 別れは突然に……さよならキノコさん

だんだんと陽気が春めいてきたある日。

森田さんは、私にこんなことを言った。

「キノコさん、今月末で退所になるから。畑江さん居担だったよね？　居室の荷物、整理しといてあげて」

「居担」というのは居室担当のことだ。

グループホームでは、職員ひとりあたりだいたい2～3人の利用者を受け持つ。

主な業務は名前の通り居室の環境整備だが、他にも家族への生活状況の報告、入れ歯の洗浄剤や尿取りパッドなど消耗品の持参依頼、担当利用者のケアに必要な書類の作成……

などがある。誕生日には、バースデーカードもつくる。

要するにこの場合、キノコさんのケアにあたる中心人物は、わたくし、畑江ちか子、ということだ。

手渡しでウンチをプレゼントされた日から、もうすぐ2年。

入職初日こそそんなふうに仰天させられたが、それから居担として、介護士として、私が日々密接に関わってきた、可愛くて可愛くて仕方ないキノコさんが、あと2週間ほどでこの施設からいなくなる、と森田さんは言っているのだ。

「えっ……急ですね、どうして……」

「特養の順番が回ってきたんだってさ」

「特養」というのは、「特別養護老人ホーム」のことである。

グループホームが認知症ケアに特化した施設で、利用者の自立支援を目的としているのに対し、特養は身体の介護や生活の支援をメインとした施設だ。わかりやすく言うと、特養に入居している高齢者のほうが、基本的には生活上の介助量が多い。

また、特養は認知症の診断がなくとも、65歳以上で要介護3以上の認定を受けている人であれば入居が可能だ。

要介護度には1～5までの段階があり、数字が上に行くほど多くの介助が必要な状態で、1か月あたりの介護保険の支給限度額も増えていく。

この認定は、基本的に本人の状況から段階が決まるが、同居家族がいた場合、家族の生活状況や介護に対する困りごと・心配ごとなども聞き取りの対象である。認定調査には必ず家族も同席し、本人の普段の様子を認定調査員に正確に伝えたほうがいい。

たとえば「お風呂には自分で入っている」と本人が話したとしても、ドライヤーの使い方がわからなかったり、服を着るのを家族に手伝ってもらっていれば、それだけ多くの「介助」が必要な状況ということになる。特に、認知症の人は普段できていないことを「できる」と言ってしまったりもするため、正確な情報を伝えることは、適切な判定をもらうためにも重要なことだと言える。

「要介護3」というのは、年齢以外で特養への入居条件を満たす最初の段階でもあるため、これをひとつの区切りとしてとらえる人も多い。

厚生労働省によると、2022年4月の時点で特養入居の待機者数は、日本全国で約27万人。特養は一般的に終身利用が可能なので〝終の棲家〟と呼ばれることもあるが、そこに入るまでの順番待ちをしている認知症の高齢者が、一時的にグループホームに入所してくる……というパターンは非常に多い。キノコさんも、このタイプだった。

しかし終身利用が可能とはいえ、看取り対応をしている施設は他にもたくさんある。ではなぜ、特養がこんなに人気なのか？

それはずばり、費用面での負担が圧倒的に軽いからだ。

特養は社会福祉法人や自治体が運営している公的施設なので、国からの補助金や税金面の優遇制度を受けられる。なので、安価にサービスを提供することができるのである。

利用料のイメージとしては、グループホームが月々20万円程度だとすれば、特養はその半分を下回ることもある。もちろん利用者の要介護度によっても変わってくるが、この差は大きい。

キノコさんは入所して3年ほど。旦那さんが遺してくれたお金と、自分でコツコツ貯めてきた貯金を切り崩しながらここで生活していた。

しかし、あと10年ここで暮らせるだけのお金はない……少なくともこれからそれだけの時間を生きるのならば、特養への転居は必須だった。

「多床室だっていうし、キノコさん、きっと混乱するだろうね。ウロウロ歩き回っても誰もかまってくれないだろうから、すぐにすっ転んで歩けなくなっちゃうんじゃないかな」

恐ろしいことを平然と言ってのける森田さん。「黙らんかぁぁぁあぁッッ‼」と大きな声を出して、その口を塞ぎたくなった。

最近の特養は個室の施設が多いが、実はひと部屋につき2〜4人で生活する、「多床室」の施設が人気だ。理由はやはり、安いからである。どれだけ差があるかというと、こちらも要介護度によって変わってくるが、たとえば多床室なら月々10万円弱、個室ならば十数万円ちょっと……というイメージだ。

また、森田さんの言う、「キノコさんが歩き回ってても誰もかまってくれない」というのは、特養の職員が怠け者なのではなく、特養とグループホームでは施設の広さも規模も、利用者数に対する職員の必要数（人員配置基準）もちがう、ということである。

まず、グループホームは定員18名の小規模型施設。

特養は、施設全体で100名規模の大所帯だ。

人員配置にしても、夜間のことを言えばグループホームは職員ひとりで9名の利用者を見るが、多床室の特養は25名につき職員ひとり、という配置だ。つまり、100名の利用者を職員4人で見なければならない。

そんな条件下で、キノコさんが広い施設内をひとりでウロウロしていて、職員がいつでも即座に駆けつけられるだろうか。キノコさんよりも転倒リスクが高く、落ち着きなく歩き回る人もいるかもしれない。そうした場合、キノコさんの優先順位はどうしても下がるだろう。

「まぁ、でも……そうじゃないと、キノコさんはこの先も介護を受けられないんですもんね」

彼女には、認知症に寄り添ったケアがあったほうがいいと、職員の誰もが思っていた。

しかし、キノコさんの金銭状況的にそれは厳しい。

息子さんとしてはホッとしたところだと思うが、私たちとしてはやはりさみしさと心配でいっぱいだった。

夜勤中、キノコさんが眠っている間に、私は荷物の整理をコツコツ続けた。

お気に入りのチョッキ、リハビリパンツを使うようになる前にはいていた布パンツ、エプロン、タオル類……もう使わないもの、あっちに持って行っても使えそうなものを分けていく。

キノコさんのタンスの中には、クッキーの空き缶がしまわれている。中を確認してみると、そこには私がつくった誕生日カードや、一緒に撮った写真が入っていた。

作業の手が止まり、ついそれに見入ってしまう。楽しかったな、と思うと、急に涙が出そうになった。

こういう品物はどうしよう。

できれば持って行ってほしいけど、たまにはここでの日々を思い出してほしいけど、キノコさんが混乱したり不安になったりして、新しい場所での生活が上手くいかなくなるのは困る。

しばらく悩んで、そういう思い出の品は息子さんに渡すことにした。


退所の日が近づくにつれて、私はキノコさんと接するのが辛くなっていった。彼女が笑ったり、ごはんを食べたり、トイレをしたり、お風呂に入ったりするのを見るたび、「あともう少しでいなくなっちゃうんだな」という思いが強くなっていく。こんな当たり前の、なんでもない日常のひとコマが、もう見られなくなる日がやって来るのだ。

正直、もうこれ以上一緒に楽しいことをしたくなかったし、思い出も増やしたくなかった。お別れが辛くなるだけだし、お見送りのときには絶対泣いてしまう。できることなら、笑顔で手を振りたい……。

けれど、何をどうしたって、いくらさみしがったって、キノコさんは月末で退所なのだ。たとえ彼女がここで最期まで過ごすことになっても、今回のように元気なうちに退所することになっても、最後まで楽しく過ごしてもらうべきなのは変わらない。

気持ちは複雑だけれども、私たちは現実を受け入れて、最後まで充実した日々を送ってもらえるよう、介護職として全力でケアにあたることしかできないのだ。

そうしてわずかな日々を重ねたあと、とうとう退所の日がやって来てしまった。

この日、私は夜勤明けだった。しかし、息子さんが迎えに来るのは13時頃だという。業務終了の10時にはもう帰れる状況だったが、私はお見送りをするために残ることにした。

混乱を防ぐため、キノコさんには退所の話はしていない。なので、退去するこの日までまとめる荷物は最小限におさえ、タンスやテーブルなどの大物はあとから引き揚げてもらうことになっていた。

何も知らずに、自分の席でコーヒーを飲んでいるキノコさん……。今日の夜は、ここじゃない、全然知らない場所で眠るんだよな……それがどうしても、信じられない。

「キノコさん、コーヒーおいしい？」

「ん、お砂糖入ってるでしょ、これ」

キノコさんは、コーヒーの一番下のほう、溶けきらなかった砂糖が溜まっているところが大好きだ。いつもいつも上を向いて、コップを思いっきり傾けて、その最後のひと口を楽しんでいる。

新しい施設では、朝のコーヒーの時間はあるのだろうか。お砂糖はちゃんと入れてくれるのだろうか……キノコさんのこうした小さな楽しみを、ちゃんと大切にしてくれるのだろうか。

あちらの職員さんたちも、今日はきっとてんやわんやだろう。新しい入居者が来たときは、うちの施設もそうなる。キノコさんも、職員さんたちも、早く慣れてくれればいいなと思わずにはいられなかった。

息子さんは、約束の13時よりもちょっと早く施設にやって来た。

菓子折りまで持ってきて下さり、玄関先で「お世話になりました」と長々お礼を言ってくれた。

「あ！　良かったー！　間に合った！」

なんと、この日休みだった森田さんも駆け付けたので、思ったよりも大人数でのお見送りになった。

玄関で靴を履いているキノコさんは、「なんでこんなにたくさんの人にお見送りされているんだろう？」とでも言いたげな、不思議そうな顔をしていた。

「じゃあ……せっかくなんで、施設の皆さんと写真を撮りましょうか」

息子さんがそうスマホを構えるや否や、我先にとキノコさんの隣を確保し、彼女と腕を組んでピースを決める森田さん……いや、別にいいんだけどさ、そこはフツー居担に譲らねーか？　いいんだけどさ、別に……。

私と先輩職員はその後ろに立ち、息子さんに写真を撮ってもらった。あとで見返してみたけれど、私の笑顔は硬く、あまりいい表情ではなかった。

「んじゃ、お母さん、行くよ」

「はいはい、じゃあね～ちょっと行ってきますから」

息子さんに手を引かれて、自動ドアの向こうへ歩き出すキノコさん……その体が完全に施設の外へ出ると、ガラスのドアがゆっくりと閉まってゆく。キノコさんはそのまま、ガラスで隔たれた別の世界に行ってしまう。

手を振りながら、私はこらえられず、後ろを向いて泣いた。頭のなかで鳴り響く、サイモン&ガーファンクルの『サウンド・オブ・サイレンス』……私はもう少しで、映画『卒業』のダスティン・ホフマンになってしまいそうだった……。

「あーあ、行っちゃったね……じゃ、私も帰ろーっと」

森田さんは見送りが済むと、さっさと帰っていった。さっきはちょっとイラッとしたが、彼女もまた、忙しいなか時間をつくってキノコさんに会いに来たのだろう。キノコさんを思う気持ちは、皆一緒だったのだ。

私は今でもたまに、キノコさんとの写真を見返す。

写真のなかの私はだいたいキノコさんよりも楽しそうで、うれしそうだ。そして初々しい。

こんな日々を思い返せるのならば、やっぱり思い出はあったほうがいい。彼女との毎日

は、初めての居担としての、特別な記憶でもある。もし、私が認知症になったとしても、この日々のことは忘れたくないなぁとも思ってしまう。

キノコさん、今頃どうしてるかな。

29 できる人グループとできない人グループ

ある日の昼食時、私がキヨエさんの食事介助にあたっていたときのこと。

視界の端に視線を感じたのでそちらを見ると、山本さんとハナさんが箸の先をこちらに向けて、クスクス笑っていた。


「見てごらん、ごはん食べさせてもらってるよ」

「自分じゃ食べられないんだろ、赤ちゃんみたいだね」

「きっと、家に置いておけないからここに入れられたんだね」

「やだねぇ、ヨダレ垂らしてるよ。恥ずかしくないのかなぁ」

……またか。

正直、私はうんざりしていた。

うちの施設では、自分で食事ができる人とできない人で、テーブルを分けていた。そうしたほうが、職員ひとりで利用者2名の食事介助に入ることができるからだ。

食事の介助が必要な利用者は、キヨエさんとヒメコさん。トミさんもたまに食事の手が止まってしまうことがあるので、声をかけて促さないといけない。その他の利用者は、みんな隣のテーブルに着き、自力でごはんを食べていた。

そんな〝自分でごはんを食べられる人グループ〟の山本さんとハナさんは、自力で食事を進められない利用者のことを、ときどきこうしてバカにするのである。

「山本さん、ハナさん、ごはんに集中しないと喉につっかえますよ」

「なんだって⁉　お前、俺のことバカにしたな？」

自分がバカにされていると感じると、すぐに大きな声を出す山本さん。

このときの彼に対する私の声かけは、決して適切とは言えなかったかもしれない。しかし、介護職は利用者ができないことを手伝ってあげたり、できるようにアシストしていく仕事だ。私たちのことを〝考える杖〟とたとえる人たちもいる。

ならば、バカにされても言い返すことのできないキヨエさんに代わって、これくらい言ってやるのも仕事のうちなんじゃないかと思う。キレると杖を振り回す利用者もいるくらいだし、私も考える杖として大暴れしたろか、と思ってしまうこともある。

できる人たちができない人たちをバカにするシーンに居合わせるのは、想像以上に辛い。

職員に歯磨きをしてもらっているヒメコさんに向けられた、「歯磨きくらい自分でやりなさいよ、あんた何もできないんだね」という言葉。

リビングで失禁してしまったキヨエさんに対する、「あーあ、おしっこ漏らしちゃってるよ、ああはなりたくないね～」という嘲笑。

どうしてそんなひどいことを言うんだろう？　思っているだけにしておけばいいのに、なんでわざわざそんなことを言いにこっちへ来るんだろう？　日々キヨエさんやヒメコさんに向けられる心ない言葉と、小馬鹿にしたようなニヤニヤ笑いに、私のメンタルは確実に削られていった。

しかしそんなことを言っておきながら、自分よりできない人をバカにするのは、私にも覚えがある。

いつも忘れものをする男の子を友達と笑っていた中学時代、自分よりテストの点が低いクラスメイトを見下していた高校時代……そして社会人になってからでさえも、仕事の遅い同僚を陰で笑ったりしている。現在進行形だ。

だから、人をバカにして笑いたくなるという気持ちは、とてもよくわかる。要するに、「自分はあそこまでじゃないから大丈夫だ」と、安心したいのである。

特に、山本さんとハナさんは、キヨエさんやヒメコさんと同じフロアで生活している、同じ高齢者だ。

いつか自分も、ああやって人にごはんを食べさせてもらうようになるのではないか？　いつか自分も、自分ではトイレに行けなくなる日が来るんじゃないか？　キヨエさんやヒメコさんを見ていると、そうした漠然とした不安を感じるのかもしれない。

だが、いくらそうした心情があったとしても、キヨエさんやヒメコさんが言われっぱなし・笑われっぱなしなのは、やはりフェアじゃない。

自分も人をバカにして生きているくせに、何をいまさら正義漢ぶって……と思うが、感情移入しやすい性格なのにもかかわらず、介護の仕事に就いてしまったのだから仕方ない。

この、矛盾があるところもまた人生である。

それに、キヨエさんとヒメコさん、山本さんとハナさんの立場が逆だったとしても、私はきっと同じように頭に来るだろう。

たとえばハナさんと散歩に出て、通行人に「あ、認知症のばあさんだ、やだね～うちのお母さんはああならなくて良かった～」などと指をさされてクスクス笑われたりでもすれば、私は一瞬にして暴れる杖にメタモルフォーゼしてしまうに違いない……いや、しないように頑張るが。

山本さんとハナさんが、自分よりできないことが多い人たちをバカにすることによって心の均衡を保っているのだとすれば、かなり感じは悪いけれども、それは人間としてごく当たり前の、とても自然な行動であるとも思う。

だから、私はつい言い返してしまうけれども、彼らのそうした言動を薬などを用いて制御すべきとは思わない。言って、言い返されて、というのも人間らしいやりとりだと思うからだ。

このコミュニケーションは決して穏やかではないし、認知症である彼らの心にいい作用をもたらすだろう、とは言えない。

でもここは、認知症の〝人〟が暮らす施設なのだ。

人生は常に凪《な》いでいるものではない。そうして感情が揺れる機会がある程度あるのも、人間だったら普通のことなのではないかと、若輩者の私は思ったりする。

30 畑江は"図々しさ"を手に入れた！

私がプレイしている、イケメンがたくさん出てくるスマホアプリが、秋葉原で「ポップアップストア」をやることになった。

ポップアップストアとは期間限定の店舗のことで、主に作品の新作グッズが展開される場合が多い。

SNSでこの情報を掴んでから、私は毎日、特設サイトを覗き、欲しいグッズの在庫や購入特典のポストカードが終了になっていないかを、血眼になって確認し続けた。

最推しキャラのアクリルスタンドは、最低でも飾る用、保存用、予備の3つはほしいところ……。どうか売り切れませんように……あとはクリアファイルと、アクリルキーホルダーと、タペストリー……購入の個数に制限がある商品もあるし、もう何をどれだけ買ったらいいのかわからない。こんな感じで、思考回路がショート寸前になってしまうのはオタクあるあるだと思う。

さて、そんなこんなで待ちに待った休みの日！

私は久しぶりにばっちり化粧をして、思いっきりオシャレをして、オタク友達と待ち合わせている秋葉原へ向けて出発した。

基本的に私は支払いをカードで済ませる民だが、本日は友達と茶をしばくタイミングもあるだろう。現金を持っていないと割り勘がスムーズにいかなくなるため、道々、ＡＴＭに寄ることにした。

なかには機械が２台。

片方は使用中だったため、私は空いているもう１台にキャッシュカードを入れた。

「……そうなの？　大丈夫なの？　……うん、今やってるから、ちょっと待ってて」

……隣をチラッと見てみると、機械を操作しているのは見たところ70代くらいの女性だった。しかも、スマホで通話をしながら操作を進めている。

……これ、最近流行りのなんたら詐欺ってヤツじゃないのか？　この人、騙されているんじゃないのか？　……私はどうすべきか迷った。

以前までの私だったら、こういう場面に出くわしてもおそらくスルーしていたと思う。知らない人に声をかけるのは苦手だし、面倒ごとに巻き込まれても困る。しかも、今日はこのあと約束があるのだ。モタモタしていると、ほしいグッズが売り切れてしまうかもしれない。

しかし、このときの私は、以前までの自分とものの見え方がまるでちがっていた。高齢者が目の前で、自分の財産を、コツコツ貯めてきたであろう大事なお金を、かすめ取られようとしている……かもしれないのである。

これがうちの施設の利用者たちだったら、と考えると余計いてもたってもいられない。気がつけば、私は女性に向かって、「ちょっと、大丈夫ですか？」と声をかけていた。

話を聞くと、息子が仕事で失敗し、急にお金が必要になったのだという。

なんという典型的なシナリオ……せめてもうちょっと捻れよ、と思いつつ、私は半ば強引に電話を切らせた。本当に息子さんがお金を必要としているのであれば申し訳ないことをしたが、詐欺の可能性が少しでもある以上は放っておけない。

そのまま私は女性を近くの交番まで連れて行き、ことの次第を説明した。女性はお巡りさんからもう少し詳しく話を聞かれることになり、私は先に解放された。

腕時計を確認すると、待ち合わせの時間に30分遅れる計算だった。ポップアップストアの開店時間には間に合わない。

私は友達に「すまん」と連絡し、どうしてもほしい品物だけ先に確保してもらうよう頼んだ。

推しに会いに向かう電車に揺られながら、推しとは別のことが頭にあった。「人はここまで変わるものか……」と、自分にびっくりしていたのだ。

なんというか、困っている人、ちょっと助けてあげたほうがいいかもしれない人に対して声をかけるのが、異様に簡単になっていたのである。

おそらくこれは、ある種の〝図々しさ〟だと思う。ちょっと恥ずかしいとか、上手くいかなかったら……という不安はもちろんあったけれど、そんなことはあとに残らない問題だ。けれど、もしあの女性が詐欺の餌食になってしまったら、彼女は傷つくだろうし、のちのちものすごく大変な思いをするだろう。そっちのほうがずっと重大である。

きっと、介護の仕事に就いていなかったら、この〝図々しさスキル〟は身に付いていなかったと思う。さっきのことも、「大丈夫かな」とは思いつつも、昔の自分なら声をかけるに至っていなかっただろう。

介護の仕事というダンジョンで莫大な経験値をゲットし、レベルアップし、特殊スキルを身に付ける……ゲームの主人公が強くなっていくとプレイヤーはうれしくなるが、そんな感じで、私は前の自分よりも今の自分のほうが、ちょっとだけ好きだなと思った。

そして秋葉原には、計算通り30分遅れで到着。

友達のアシストもあり、私はほしかったグッズも全て手に入れることができたのであった。

皆さんも、特殊詐欺にはくれぐれもお気をつけください。

特に、電話をつないだままATMを操作させるのは、詐欺の可能性が非常に高いです。

そういう事態になったら、まずは警察に相談しましょう。結果、電話が本物の身内だったとしても、あとで「あら、ごめん‼」と謝ればOK。私としては、いくら急を要するためとはいえ、このご時世にそんな方法で送金させる身内が悪いと思っています。

31 ヒメコさんが天国へ行った日

私が施設で働き始めてから、あっという間に2年が過ぎた。

入職したての頃と比べると、いろいろなことが変わった。

もういなくなってしまった利用者、新しく入居してきた利用者。

以前はできていたことができなくなってしまった利用者。

仕事がまぁまぁできるようになってきた私……うちの施設は職員の離職率が比較的高く、人の入れ替わりが激しいため、勤続3年目ともなると、必然的に職場の中心人物になってしまう。私はあてにされるとやる気が出るタイプだが、同時にプレッシャーに押しつぶされそうな毎日でもあった。

そんななか、ヒメコさんも確実に変わっていった。

1年前はトイレで立つことができたが、この頃の彼女は職員が支えても、もう立つことはできなかった。

訪問診療チームの医師によると、「そろそろ家族さんと、最期はどうするか話し合わないといけませんね」とのことだった。つまり、施設で看取るのか、自宅で看取るのか、家族にそういった方向性を決めてもらわないといけない時期に入っていたのだ。

ヒメコさんの様子を毎日見ていると、彼女の体はいろいろな機能が、時間をかけてゆっくりと閉じていっているように感じられた。

まず、車椅子でウトウトしている時間が徐々に増えてゆき、その次に食べ物を飲み込むのが難しくなった。食事は「ムース食」に変更され、飲み物はコップではなく、吸い飲みを使って飲んでもらうようになった。

ムース食とは、料理を粉々にすり潰し、ゼラチンやゲル化剤で固めたものである。ミキサー食ではちょっとサラサラしすぎてむせ込みが心配される人に、しばしば導入される食形態だ。

見た目や食感は豆腐みたいなのだが、味はしっかりホイコーローや菜の花のおひたしだったりする。食感と味がリンクしないのだ。なので、試食してみた私は脳が大混乱し、バグってしまった。

しかし、2か月もするとヒメコさんはムース食も食べられなくなった。排便・排尿はあったとしてもごくわずか。水分もあまり摂れなくなっていたので、パッドに出た尿はいつもオレンジがかった濃尿だった。

尿の色は、脱水の度合いを測る大事なバロメーターだ。色が濃ければ濃いほど、脱水の傾向にある。夏場などは特に、皆さんもトイレで自分の尿の色を確認してみるといいかもしれない。

私たちは、勤務中ちょっとでも時間ができるとヒメコさんの居室に様子を見に行った。そして、いつもはだいたい閉じている目がたまにぱっちり開いていたりすると、ここぞとばかりに水分を摂取してもらえるよう試みた。

スポーツドリンクやりんごジュース……ヒメコさんが愛飲していたコーヒーも提供した。また、ゼリーも水分としてカウントできるので、食べられそうなときは食べてもらう。そんな日々が2週間ほど続いた。

この頃になると、訪問診療チームの医師から「経腸栄養剤」の処方があった。これは胃に穴をあけてチューブを挿し込み、そこから直接胃に栄養を流し込む「胃ろう」や、鼻の穴からチューブを挿し込み胃に栄養を流し込む「経鼻栄養」に使われるもので、口から飲める人は経口摂取も可能である。ものによってイチゴやコーヒー、抹茶、ヨーグルト、りんごなど様々な味があるのだが、とにかく喉が焼けるほど甘い。

ヒメコさんに処方された経腸栄養剤は、1缶で250キロカロリー。

主にこれでしか栄養が摂取できなくなってきたヒメコさんにはちょっとカロリーが足りないので、医師と相談してハイカロリー版を処方してもらうことになった。こちらは1缶飲めば375キロカロリーを摂取できる。

もう他の利用者のようなごはんは食べられないのに、ヒメコさんのおぼんには毎食ムース食のおかず、汁物、お粥を用意する。契約上、施設としては食事を用意しないわけにはいかないからだ。

ほとんど食べてもらうことができず、それらを三角コーナーへ捨てるたび、私は胸が苦しくなった。ある日突然奇跡が起きて、ヒメコさんがごはんをモリモリ食べ始めたらどんなにいいだろう。あんな甘い飲み物はもう飽きたから、たまにはしょっぱい焼き魚が食べたいと言い始めたら……。考えても仕方のないことを考え続けてしまうのは、私のどうしようもなく悪い癖かもしれない。

ヒメコさんは、一日のほとんどを眠って過ごしていた。

医師は、体を省エネモードにして、必要最低限の生命活動をしているのだろうと言っていた。

たしかに、彼女はもともとお腹や腰回りがムチムチしていたが、この頃はその脂肪がほとんどどこかへ消え失せていた。生命活動に必要なエネルギーの多くは、脂肪という蓄えから捻出されていたのかもしれない。

2年もの間、私がこの施設で仕事を続けてこられたのはヒメコさんのおかげ、と言ってもいい。

入職して間もなく、キヨエさんの暴力で参っていたとき……私はまず、あそこで辞めるはずだった。叩かれて真っ赤になった私の腕をヒメコさんがさすってくれなければ、新人だった私を引き止めるものは何もなかっただろう。

心が動かないと、人は行動できない。「ヒメコさんを看取るまではこの仕事を続ける」という決心が今まで揺らがなかったのは、その体験が私にとってとても強烈で、感動的だったからだと思う。

……それだけに、いざそのときが近づいて来ると、正直怖気づいてしまう自分もいた。ヒメコさんがいなくなったらさみしい。もう会えないのはイヤだ。息をしていないところなんて、見たくない。

家族さんは施設での看取りを希望していたけれど、気が変わって家で看取る、と言い出してくれないだろうか……そんなことまで考えるようになっていた。

栄養剤を飲ませている最中、そのひと口を頑張って飲み込むヒメコさんの姿を見ていると、自分の心の弱さが浮き彫りになったような気がして、何度も涙が出た。彼女はここで最期まで頑張ろうとしているのに、私はそこから逃げたいと思っている。

私たち職員は、日々のケアを通じて、長い、長いお別れをしているつもりだった。けれど、私はその瞬間を見届けられるだけの覚悟など、できていなかったのだ。

森田さんはそんな私に、「人の人生の最期に立ち会えるのは、とても素晴らしいことじゃない？」と言った。

たしかに、森田さんの言っていることもわかる。

キノコさんのように、せっかくここでの生活に馴染んでいたのに、最終的にはどこか別の、私たちが知らない場所に行ってしまうよりは、その最後の最期、看取らせてもらえるほうが介護職としては幸せだ、と言っているのだ。〝看取れる幸せ〟を感じている介護職は多いと思う。

けれどこのときの私は、まだそんなふうに感じられるほど、介護士としての考えが成熟していなかった。

ヒメコさんがいなくなるのはさみしい。ただその目の前の現実に、いっぱいいっぱいだった。

ヒメコさんがこのような状態になるまでのあいだ、施設では何人もの利用者が老衰で亡くなってきた。なかには、私がその最期を見届けた人もいた。

けれど、優劣をつけるような言い方になってしまうが、ヒメコさんはやはり私にとって特別だった。

決して、他の人たちがどうでもよかったわけではない。安らかな寝顔を見て、涙が出たこともあった。仕事中に、「あの人、もういないんだよな……」と、さみしさや喪失感を感じるときもあった。

でも、その後、おそらく心のどこかで「ヒメコさんにも、いつかああいうときが訪れるんだよな……」と思っていたのだ。

そして、もっとああしてあげれば良かった、もっとやれることがあったはずだ……と後悔しないように、ヒメコさんと関わっていこうと無意識に考えていたのだと思う。

後悔しないように毎日のケアにあたる、というのはどの利用者に対してもそうあるべきだ。頭で意識できる部分では、そう考えている。

誰かを特別扱いしたりはしないようにしてきたつもり……なのに、私のなかで、ヒメコさんはどうしても動かせない特別な人になっている。

そのことに改めて気がつき、自分が介護職として持っているつもりだった平等性など、実はほとんど持っていなかったのだと思い至り、また落ち込んだ。

そうして気分が下向きになりつつあったある日――栄養剤だけの日々が1か月半ほど過ぎた頃、とうとうヒメコさんの「下顎呼吸」が始まった。

下顎呼吸というのは、口をパクパクさせて喘ぐように呼吸をしている状態だ……この説明でイメージが湧かなかった人も、その現場に立ち会えば、「あ、これか」と一発でわかると思う。

通常、人は呼吸をすると胸が動く。寝ている状態であれば胸が規則正しく上下しているのが普通だが、下顎呼吸のときは胸がほとんど動かない。あくまでも、空気を吸い込もうとしているだけで、実際、肺にはほぼ空気が入っていない。

言うなれば「息をするのも限界」な状態だ。

下顎呼吸が始まってから亡くなるまでの時間は、およそ数分〜数日程度と言われている。しかし、私の経験からすると1、2時間ほどが一番多いと思う。なので、下顎呼吸を確認してまず最初にやることは、家族へ連絡することだ。間に合えば、家族が看取れる確率がグッと上がる。それくらい〝そろそろ〟なサインなのである。

畑江家も施設の職員さんにこのような対応をしてもらい、祖父の最期に立ち会うことができた。

先に到着していた父と場所を代わってもらい祖父の手を握ると、とても冷たかったのを覚えている。

祖父の下顎呼吸は、とても苦しそうに見えた。しかし、父が「ほら、ちか子も来たよー」と声をかけると、気のせいかもしれないが眉間の皺がフワッと緩んだように見えた。

人の聴覚は、最後まで残っていると言われている。だから、最期の瞬間まで、その人がかけられてうれしいと思うような言葉をかけ続けたい。

ヒメコさんの家族は、息子さんも、そのお嫁さんも、お孫さんも、住んでいる場所が遠方ということもあり、すぐには駆け付けられないとのことだった。

なので、現場のオペレーションを変更し、常に誰かひとりは職員がヒメコさんの傍に付き添う、という対応をした。

私が付き添っている最中は、ずっと手を握っていた。昨日まではもっとしっかりしていたような気がするのに、その手は信じられないほど細く、やはり冷たかった。

ヒメコさんにかけたい言葉は山ほどあった。けれど、私は自然とこんな言葉を口にしていた。

「頑張れ、ヒメコさん。あとちょっとだ、頑張れ！」

今までありがとうとか、楽しかったよとか、過去にやったレクリエーションの思い出とか、迷惑をかけたこともあってごめんねとか、本当に、伝えたいことはいくらでもあった。

そういう言葉たちを押しのけて、勢いよく飛び出してくる「頑張れ！」という言葉。

それは、「頑張って最期まで生きてくれ」ということではなく、「その重たい体を脱ぎ捨てて、早く全部が楽になりますように」という願いだった。

頑張れ、とヒメコさんに言えるようになってから、私の心に変化が訪れた。

ある種、吹っ切れたような気持ちになったのである。

私のお別れは、これで最後にしてもいい。そう思えたのだ。

たぶん、ヒメコさんの下顎呼吸が始まってから、この時点で2時間ほどが経過していた。

たぶん、夜勤者と、間に合えば家族が彼女を看取ることになるだろう……どうか、家族の皆さんが間に合いますように。

そんなことを願いながら、私は退勤した。

その日の21時頃、息子さんに見守られながら、ヒメコさんはその長い人生に幕を下ろした。89歳だった。

私がお風呂から出ると、スマホに森田さんから「ヒメコさん、さっき亡くなったそうです」と連絡が入っていた。きっと私がショックを受けないように、気を使ってくれたのだと思う。

けれど、このときの私の心は凪いでいた。

ヒメコさん、とっても頑張ったね……そういう思いで胸をいっぱいにしながら、「ご連絡ありがとうございました」と森田さんに返事をしていた。

翌日、私は日勤シフトだった。

どうやら葬儀屋の手配がスムーズにいかなかったようで、私が出勤したとき、ヒメコさんはまだ居室で眠っていた。

クーラーでキンキンに冷やした居室……安らかに眠っているヒメコさんに、思わず「寒くない？」と声をかけたくなってしまうが、このようにすぐにご遺体の搬出が叶わない場合は、腐敗を少しでも遅らせるため、季節問わず居室内をできるだけ冷やしておくことになっている。

ヒメコさんの寝顔は、本当に穏やかだった。

髪の毛はしっかりと整えられ、昔、彼女が「これいいでしょ」と自慢してきた、細かいチェックの、ブルーのカットソーを着ていた。

「ヒメコさん、待っててくれてありがとうね」

私は、彼女のおでこを撫でてみた。

もう、昨日みたいに柔らかくはない。硬くて、冷たくて、乾いていた。


私の涙は静かに、静かにあふれてきた。

キヨエさんに叩かれた腕を、まだ温かかったその手でさすってもらったときよりも、はるかにたくさんの涙が私の頬を濡らした。

「あーあ、泣いてるし……。いいよ畑江さん、しばらくヒメコさんの傍にいな」

様子を見にきた森田さんは、私の顔を見るなり呆れたようにそう笑った。

そして、泣いて仕事にならない私に代わって、半日ほど現場に立ってくれたのだった。

その日の午後一番、ヒメコさんは葬儀屋の車に乗せられ施設を去っていった。

私、森田さん、先輩職員の3人は、お見送りをしたあと、しばし呆然と立ち尽くしてしまった。

「行っちゃったね……」

先輩も、森田さんも、目を真っ赤にしている。

このときが、そう遠くない日にやってくるとは皆わかっていたけれど、やっぱり悲しい

ものは悲しい。


「ヒメコさんは、施設のアイドルだったよね」

ヒメコさんの部屋で荷物を整理していると、先輩がふとそんなひと言を口にした。

「何をしてても可愛らしくてさ……仕事に行きたくないな、って思っても、ヒメコさんに会えると思ったら頑張れてたとこあったな、私……」

徐々に涙声になっていく先輩。

私はそんな彼女の声を聞きながら、ふたつの感情がこみ上げてくるのを感じていた。


ひとつ目は、安堵である。

ヒメコさんを特別だと思っていたのは、私だけではなかったのだ。

先輩は、常にどの利用者にも、職員に対しても、優しく平等な人だった。少なくとも、私にはそう見えていた。

けれど、そんな彼女にとっても、やはりヒメコさんはアイドルだった……それがとてもうれしくて、安心した。

ふたつ目は、後悔だ。

先輩はこの施設に勤めて7年目。当然ながら、その分ヒメコさんとの思い出も、私より多かったはずだ。それなのに、彼女は午前中、使いものにならなかった私と交代してくれた森田さんと、ふたりで現場を回していた。

ヒメコさんの傍で思う存分泣くのは、先輩の役目だったのではないか。そう思うと、私は申し訳ない気持ちでいっぱいになった。

ヒメコさんの部屋は、それから数日で空っぽになってしまった。

タンスやテーブルは粗大ごみに出され、余ってしまったオムツや尿取りパッドは施設に寄付してもらえることになり、洋服や肌着、本、ヘアブラシなどの身の回りのものは、家族がサッと引き揚げていった。

残ったのは、ヒメコさんのにおいだった。

栄養剤の甘ったるいにおいと、いつも彼女の髪から漂っていた、ドライシャンプーのにおい。

いつまでも残っているそのにおいを嗅ぐと、私はまだヒメコさんがそこにいる気がしてならなかった。

夜勤の巡回中も、ついつい癖で彼女の部屋のドアを開けてしまうことが、何度もあった。真っ暗ながらんどうを見るたび、私は「あ、そっか」と少しさみしい気持ちになるのだが、やがてこの癖もなくなるのだな、と思うと、もっとさみしい気持ちになった。

あと1週間もすれば、この部屋には新しい人が入ってくる。

そうして、また目まぐるしい、嵐のような日々が始まって、ヒメコさんがいた頃の仕事の癖や段取りが、薄れて消えていってしまうのがさみしい。

けれども、いつまでもそんなことは言っていられない。

私たちの仕事は、いま生きているお年寄りたちが、なるべく最期まで楽しく、その人らしく生きていけるよう支援していくことだ。

ヒメコさんと関わってきた時間で学んだことも、役に立つときが必ずあるだろう。ヒメコさんはこの先、私のなかでそうやって生き続けてゆくのだと思う。

……なんだ、そう考えると、さみしいことなんてないじゃないか。

もうその手を握ることができなくたって、ほっぺを触ることができなくたって、ヒメコさんは私の知識や考え方となり、前よりもグッと近いところにいてくれるのだ。

ヒメコさん、こんな私を、これからもどうか見守っていて下さい。

32 好きなものと一生付き合える約束はどこにもない

事務職をしていた20代の頃、自分の人生についてぼんやり考えたことがある。

そして至った結論は、「私はおばあさんになってもオタクだろう」だ。

この世には一生をかけても読み尽くせないくらいの本があるわけだし、映画だってたくさんあるし、まだ知らない音楽もいっぱいあるし、ゲームも、アニメも、漫画も、新しい作品が次々に登場する。そして、今の推しが素敵なのは一生変わらない事実だ。

60代まで仕事をしながらオタクをして、だいたい80代くらいで死ぬとしても、全然時間が足りない計算だ。

何歳になっても、映画や音楽で興奮したい。
死ぬ直前まで本を読んでいたい。
おばあさんになっても、乙女ゲームでときめいていたい。

……たぶん、私の一生はそんな感じになるだろう……そう思っていたのだが、介護の仕事に就いてその考えが変わった。

介護の現場では、「その人が昔好きだったこと、得意だったこと、続けてきたことに取り組める機会を提供する」という支援がしばしばなされる。

それは洗い物や料理、洗濯、庭木の剪定などといった、「本人が得意で、なおかつ周囲からも感謝されること」と、塗り絵やちぎり絵、漢字の書き取り、計算問題、読書など、「本人が好きで没頭できること」のふたつに大別される。

利用者が意欲をもってくれることが大事なので、ここでは本人の好き嫌い・向き不向きを重視する。いつも塗り絵ばかりやっているから、たまには家事も手伝って下さいよ、と得意でもない料理を無理やりやってもらうようなことは、少なくともうちの施設では良しとされていなかった。

そうしたケアの様子を見て、ド新人だった頃の私は、「もし自分が歳をとって施設に入ったとしても、死ぬまでずっと乙女ゲームをして恋愛小説を読んでウハウハできるんだなぁ……」と思っていた。

しかし、その数か月後にはまた新たな現実を知ることになる。

認知症の進行や体の衰えによって、自分がかつて好きだったこと・得意だったことができなくなるパターンが、あまりにも多いのだ。

昔は石原裕次郎の追っかけをしていたのに、今ではその〝推し〟の写真を見ても、誰だかわからない様子のミエさん。

田端義夫のファンだと家族から情報をもらったので、試しに曲を流してみたが、なんの反応もなかったトミさん。

川端康成や谷崎潤一郎の文庫本のページを破って、懐紙代わりに使うようになったキノコさん。

……50年後、私はどうなるだろうか。

推しの顔を見て、「誰?」と言うようになるだろうか。認知症になって、ゲーム機の使

Hard Rock

い方がわからなくなるだろうか。

老眼が進めば本を読むことも億劫になるかもしれないし、そもそも文章や言葉の意味が理解できなくなれば、読むことさえ習慣から消え去ってしまうかもしれない。アニメや映画などを楽しむための集中力だって、そのときまであるかどうかはわからない。

高齢者になると高音域が聞きとりにくくなるので、私が大好きなハードロック・ヘヴィメタルのカミソリのようなシャウトや、繊細なメロディラインを聴かせるギターの音色も、今のようにちゃんと聞きとれなくなってしまうかもしれない。


私は家事が得意ではない。好きでもない。料理も洗濯もまるでダメである。生き甲斐と言えば推し活、オタ活しかないのだ。

結婚すれば、家庭や子どもが生き甲斐になるかもしれない。そして、それが人生の支えとなり、50年後には先ほど書いたような不安が、全て解消された未来があるのかもしれない。

しかし、結婚も子どもも私ひとりでは成せない。相手が必要だ。そしてその相手は、誰でもいいというわけではない。

昔、女友達とお茶をしながら、「どんな人と結婚したいか」という話題で盛り上がったことがあった。私はそこで次のような回答をしたことがある。驚かないでほしいのだが、当時20代後半だった私が真剣に考えた答えだ。

「リンゴを片手で握りつぶせて、背が180センチ以上でガタイが良くて、髪が背中まで長くて口が大きくてよく笑って、滝に打たれながら、『ちか子‼　愛してるぞー‼』って叫んでくれるような、ザ・漢《おとこ》！　みたいな人がいい‼」

「んな奴いねーよッッ‼」と友人に突っ込まれてゲラゲラ笑ってしまったのだが、笑いながら私自身も、「たしかに……」とどこか冷静にそう思っていた。そのストロング滝行マンはなんの仕事をしているのだ？　年収は？　両親との関係性は？　……たとえばそういう現実的なことを、それまでの私は具体的に考えたことがなかったのだ。これはその事実に気づかされた、初めての出来事だった。自分でも、ちょっとヤバいなと思った。

では、それから数年経った今、そうした現実的なことが考えられるようになったかと言えばそうではない。

何が言いたいのかというと、私の頭は、子どもの頃からずっと、「現実の恋愛モード」にシフトしたことがない、ということだ。そしてそれは、現実の人を、本気で愛したことがない、ということでもある。

20代半ばくらいまでは何人かの男性と付き合ったこともあったが、結局うまくいかなかった。その理由はいろいろあるが、一番大きいのは、おそらく私が相手に求めていたのが、「恋愛漫画や乙女ゲームで見たシチュエーション」だったからだと思う。そして、そういうものを相手に求めるばかりで、私からは何も与えず、相手という〝現実〟を理解しようとしなかったから……相手を愛さなかったから、だと思う。

……だってそもそも、現実は全然ドラマティックじゃないし、ロマンティックでもない。だから私は二次元が好きなのだ。

結婚はしない、とか、子どもはほしくない、とか、そういうふうに決めているわけではない。正直現実の彼氏だってほしいのだが、じゃあそのためには何をするか、自分はどうあるべきか……と〝現実的〟で〝具体的〟なことを考え始めると、途端に頭が疲れてしまう。そして、ネットで推しの動画を観たり、乙女ゲームを起動して二次元の、自分にとって都合のいい、一方通行な〝恋愛〟に溺れに行ってしまう……そういう時間は、やっぱりこの上なく楽しい。

いったい、私は何歳までこんな生活ができるのだろう。

いつまで、二次元に本気でいられるのだろう。


もちろん結婚して子どもを授かったとしても、50年後、私が幸せに過ごしているという保証はない。

けれど、今の私の人生の支えである推し……好きなものたちと一生付き合えるという約束も、どこにもない。

この事実を、私は自分のなかでどう処理したらいいのか、まだわからずにいる。どこか、目をそらしているところもある。

もしかすると、そのときにはそのときの自分が没頭できる、新たなライフワークがあったりするのかもしれない。

とにもかくにも、全てはそこまで生きてみないことにはわからない。

エピローグ
2040年問題のその先は

2040年は、第二次ベビーブームのときに生まれた団塊ジュニア世代（1971年〜74年生まれ）がすべて65歳以上の高齢者になる年で、同時に日本のその高齢者人口が過去最大の約35パーセントに達すると言われている年である。

また、このような超高齢社会になると、労働力人口が減少し、あらゆる業界が人手不足になるだろうと推測されている。

「2040年問題」と呼ばれるこうした問題にどう対処していくか、日本の政治家をはじめ、様々な分野の人たちが頭を悩ませているだろう。

今でさえ慢性的な人手不足に悩まされている介護業界が、さらに人手不足になったらどうなるか。

今よりも人員の配置基準を緩くしたり、介護ロボットを開発し現場に導入したり、外国人人材の受け入れを今よりもっと積極的にしたり……などが、考えられる対処法だろうか。

それでも、現場の労働力不足は補いきれないと言われている。

したがって、確実に懸念されることは、現場職員の疲弊だろう。

単純に、人は疲れれば余裕がなくなる。余裕がなくなれば、人を思いやる気持ちも見失う。職員間でギスギスしたり、イライラが爆発して利用者にそれをぶつけてしまうことも頻発するかもしれない。そこに至ってしまう前に、退職を決断する職員も出てくるだろう。そうすればまた、さらなる人手不足の負のサイクルがスタートする。

……これでは、今の老人福祉法や介護保険法が掲げる基本的理念には、到底沿えない未来になってしまう。というか、今まさにこの時代でさえ、沿えているかどうかは甚だ疑問だ。

大変なのは現場職員だけではない。

これから介護が必要になる世代にも、決して少なくない負担が生じてくると言われている。

まず、労働力人口が減るということは、それだけ納税額も減少するということだ。

これが何を意味するか。

つまりは、今後は医療や介護といった社会保障を受けるにあたっても、高齢者自身が負担しなければならない金額の割合が多くなる、というわけだ。もちろん、現役世代が負担する社会保障費も、増加の一途を辿ることになると思われる。

介護サービスを利用しながら生活している現在の高齢者たちも、金銭的に潤沢な人たちばかりではない。むしろ、そういう人は少ないように感じられる。お金の都合で、本当に必要なサービスを利用し続けることができない人や、自分の状態に合った施設に居続けることができない人……突然具合が悪くなり受診が必要となった利用者の家族には、「お金がかかるので入院はさせないで下さい」と答えた方たちもいた。

これらは、レアなケースではない。よくある話だ。

こうした状況がいま実際にある上、先ほど述べたような未来予想図では、「最期まで人間らしく、心配ごとなく、穏やかに」という老後は、もはや贅沢な望みとすら思える。

しかし、時を止めることはできない。

未来は確実にやって来る……しかも、現在を元とした未来しかやってこない。

私たちにできることと言えば、健康寿命を伸ばしていくよう努力し、自分で〝できること〟をなるべく維持できるよう心がけていくことくらいだろう。

もちろん、老いからは逃げられない。どうしようもない部分はある。どんなに脳トレをしようが、脳細胞にいいと言われている食べ物を食べようが、毎日散歩をしようが、認知症になる人はなるし、支援が必要になる人もいる。

そうした高齢者に囲まれる生活が、避けられない現実としてやって来るのならば、私はいつでもサッと支援の手を差し伸べることのできる人間でありたい。私個人にできることと言えば、それくらいしかないと思う。

2040年、私は50歳。

そこから15年も経てば、国から介護保険証が自宅に送られてくる。前期高齢者の仲間入りというわけだ。いや、もしかするとその頃には、高齢者の基準となる年齢が引き上げられ、介護保険証を受け取れるのがもっと先になっているかもしれない。

2040年以降も生き続けるであろう私は、果たしてどんな高齢者になっているのだろう。ちゃんと〝老人〟として余生を送ることができるのだろうか……老人になることさえ許されない世界が、待っていやしないだろうか。

まぁ、暗い予想の答え合わせは長生きしてしまったときにすればいい。

今はただ、目の前のことを毎日一生懸命やるだけだ。

今日は貴重な休み。

私はこれから、全力で乙女ゲームをプレイする。

Hard Rock

あとがき 介護記録を残そう

介護の仕事には、記録を書くという業務がある。

食事は朝昼夕どれくらい食べたか、水分はどれだけ摂ったか、何時にトイレに行ったか、歯磨きはしたか、何時に寝て何時に起きたか、毎日の体温・血圧……など。

他にも、利用者に何か変わったことがあれば、その都度記録に残していかねばならない。

そうすれば、たとえば午後になって嘔吐した利用者がいたとしても、「そういえば、この人、朝ごはん半分しか食べなかった、って記録にあったな……朝から具合が悪かったのかな？

それも含めて訪問診療チームに連絡しよう」というふうに動くことができる。

記録は介護職だけでなく、日々連携している他職種とも共有する、貴重な情報だ。

そんな感じなので、とにかく毎日書くことが山積みなのである。

しかし、私は「書く」ということそのものが好きなので、記録を書くのはそんなに苦ではない。むしろ、楽しい時間でさえあった。

ある夜勤中、私は他の職員が書いた日中の記録を読み返していた。なかには文章を書くのがあまり得意ではないのか、支離滅裂な記録を残している職員もいる。こういうこともあるので、記録に目を通すという作業には、意外と時間がかかる。

……さて、記録も読み終えたし、次は新聞紙を畳む作業でもしよう。

うちの施設では、使用済みのオムツや尿取りパッドを、半分に切った新聞紙に包んで捨てる。そうすることによって、臭いが周囲に広がるのを防ぐことができるのだ。

山本さんが1日かけて、隅々まで読み尽くした新聞を、事務所から持ってくる。それをテーブルに広げ、ビーッと半分に切ったら、4つに畳んで完成。

私はこの作業も好きだ。

興味を惹く記事があればつい読んでしまうこともあったし、切って畳むだけの単純作業も、日々の忙しさを束の間忘れさせてくれる、ほどよい作業量だ。日中は利用者の皆さんにも手伝ってもらうが、こうして仕事中に考えごとをしたり自分の心と向き合う時間をつくれるのは、夜勤者の特権だ。

世間ではいろいろなことが起きているんだなぁ……お、このオススメ図書、ちょっと面白そうだな、覚えておこう。畳む。

むむ？　こっちには介護関連の記事があるじゃないか……なになに？　ふーん、なるほどね。畳む。

……そうして次の新聞紙に手を伸ばしたとき、私の視線はその一面に釘付けになった。


「気がつけば○○ノンフィクション賞　原稿募集」


気がつけば、私はその募集要項を夢中になって読んでいた。

もしかしたら、私の介護士としての体験も、書くことができるかもしれない……そう思いついたのだ。

私は業務の記録以外にも、日記の延長として日々の出来事を書きためていた。

そうすることによって、利用者と関わってきた日々を、彼らが確かに生活していたという証を残しておきたかったのかもしれない。どんなに忙しくても、ページをめくればいつでも過ぎ去った日を思い出すことができる。人は忘れてしまう生き物なので、そんな自分のために、私は書いていた。

なので、当初の私には本を出したいというような具体的な目標はなかった。

しかし、この募集要項を読んで、利用者と生きてきた毎日の記録を、本にしたい気持ちがフツフツと湧いてきたのだ。

執筆に取りかかってからは、自分でも意外なほど超スピードで筆が進んだ。

昔のことを忘れてしまわないうちに、なるべく記憶が新しいうちに……早く、早く！　早く書いておかないと！　……そんな強迫観念にも似た衝動に突き動かされていたのか

もしれない。

書いているうちに、この原稿が本になったときのことを考えるようになった。この本を、皆さんに読んでもらうことの意味。何を伝えられるか……何を残せるか。

認知症や介護といったワードは、今もこれからも、誰しもが直面しうる現実だ。そういう日本の社会を生きる人たちに、少しでも認知症のこと、介護現場のことを知ってもらう……ひとまずは、そんな目標を立てた。

そして、書いているうちに仕事中の自分の姿を俯瞰して見られるようにもなった。推し活に人生を捧げている私がその様子をたとえるならば、「こいつ、認知症介護の沼にどっぷりハマってんじゃん……」だ。この沼は深い。なかなか抜けられそうもない。

かくして、本が一冊できるくらいの分量の原稿ができあがった。それはただエピソードを羅列しただけの、構成もへったくれもない文字の洪水だった。だけど、やっぱり書いているときはとても楽しかった。そしてそれは、私にとって古いアルバムをめくるような、写真に収められた過去の風景のなかを歩いているような、ちょっと切ない時間でもあった。

私は机の引き出しから、4つに畳んだ新聞紙を取り出し、再度、募集要項に目を通した。

とりあえず、編集者さんに読んでもらった時点で、この原稿はこの世に存在した、ということになる。そして、もし本になったら、利用者と過ごしてきた日々の一部が、ちゃんと形として残るのだ。

そういう勢いに背中を押されて、私は編集部に原稿を送った。

介護記録は、利用者の言動や様子などをなるべく正確に書く。記録者の主観は省き、客観的事実だけを文章として残さなければならない。

しかし、この原稿には私の主観もてんこ盛りだし、出版物という性質上、利用者個人や施設を特定されないようにするための配慮も、ところどころ混じっている。

けれども、起こった出来事と私の感情は、全て本当だ。

現場の介護記録としてはもちろん通用しないけれども、ノンフィクションという形の〝記録〟として見るならば、一応はちゃんと、嘘偽りなく書けたのではないかと思っている。

最後になりますが、本書の出版にあたり関わって下さった全ての皆さま、本をお手に取って下さった読者の皆さま……そして、私を成長させてくれた施設の利用者の皆さまに、心からの感謝を申し上げます。

畑江ちか子

編集後記

「認知症の母同居 50代女性自死か」
「介護疲れ 妻子殺害」
「介護の85歳妻 絞殺した疑い」

本書の校了間際、ショッキングな見出しが新聞紙上を飛び交った。
グループホームだけでなく、デイサービスや特別養護老人ホームなど、介護にたずさわる施設はたくさんあるが、一方で、そういったサービスを利用できず、介護が必要な家族や親族をケアし続ける人たちもいる。ひとりで抱え込むにはあまりに重く、先の見えない現実を前にすれば、絶望は避けられない。

本書でも触れられている「2040年問題」。私はそのとき59歳だ。若年性認知症が発症していてもおかしくはないだろうし、80を過ぎた両親が認知症となり、なんらかの対応に迫られているかもしれない。もはや歯止めのきかない超高齢社会において、〝認知症介護〟は今この瞬間からでも、誰もが当事者になり得る問題なのだ。

刻一刻と近づいてくる〝そのとき〟をどう受け止めるのか？　日々、自問自答する著者の姿は、私たちに様々な問いを投げかける。

じつは、本書制作中、介護の世界に身を置く方々と交流することが増えた。あるケアマネジャーは言う。
「そもそも労働人口が減っている上に、介護職に就こうとする若者も減っているから、ぼくたちは常に仕事がある状態なんです」
ますます仕事が激減している出版界に比べたらうらやましい話だが、つまりは、介護の手が届いていない現場が量産されているということだ。
だからこそ、「少しでも介護職人口を増やしたい」と著者は願い、筆をとった。

圧しが強めな上司や、乱暴狼藉をはたらく施設利用者への不平不満は多々あれど、真面目で優しさあふれる著者が綴ると、グループホームでのエピソードが、どれもあたたかく、明るく、楽しいものとして見えてくる。「書き上げたら辞めるつもりでいた」と言うが、推敲に推敲を重ねた原稿を読めば、彼女が現場から離れられないことは明白だった。そして、今後も認知症介護の現場とかかわり続けるからこそ、この作品の重みが増すことも確かだろう。

「私、伊勢さんが認知症になったとしたら、お風呂に入れたり、オムツを替えたりは余裕でできますからね」

校了直前の打ち合わせ中、突如そんなことを言われて、ゾクリとした。

著者の生き方、考え方が、少しでも、介護にたずさわる人たち、介護に悩む人たちの一助となることを祈ってやまない。（伊勢）

著者・畑江ちか子

1990年神奈川県生まれ。高校卒業後、事務職に就く。認知症グループホームで看取りをしてもらった祖父との別れをきっかけに、介護職へ転身。需要と供給のバランスがズレている介護業界のことをたくさんの人に知ってほしいという思いから、第1回「気がつけば○○ノンフィクション賞」に応募するも、惜しくも落選。しかし、編集者の目にとまり、その後も介護職での経験を積み、原稿のブラッシュアップを重ねて出版にまでこぎつけた。元来オタク気質で、10代から続く推し活が、日々を生きる糧となっている。趣味は乙女ゲーム、食べること。

制作	株式会社伊勢出版
編集	伊勢新九朗
校正	生井純子
イラスト	なかむらるみ
装丁	河村 誠
本文デザイン	若狭陽一
スペシャルサンクス	倉田真由美（帯文）

気がつけば認知症介護の沼にいた。
もしくは推し活ヲトメの極私的物語

発行日	2023年12月8日　第1刷発行
著者	畑江ちか子
発行人	伊勢新九朗
発行所	古書みつけ 〒111-0052 東京都台東区柳橋1-6-10 1階 TEL (03) 5846-9193 https://kosho-mitsuke.com/
発売元	日販アイ・ピー・エス株式会社 〒113-0034 東京都文京区湯島1-3-4 TEL (03) 5802-1859 FAX (03) 5802-1891
印刷・製本	三共グラフィック株式会社

ISBN978-4-9912997-0-4　C0095

［内容についてのお問い合わせ］isepub@ise-book.biz

「自殺って
死亡保険金出たっけ?」

新卒入社生保レディが
離職率9割の業界の闇を
笑いと涙で描き出す

実話、でも小説のよう。
描き込まれた体温が
現実をやさしく包む!
新井英樹(漫画家)

保険業界の過酷なノルマに
追われる主人公の苦しさを、
奇妙なユーモアとペーソスで描いた秀作。
面白い!
加藤正人(脚本家)

職業の舞台裏を
本人が綴った読み物が多々あるなかで、
本書の存在感は際立っている。
本橋信宏(著述家)

これは決して暴露本ではない。
この本を教材にして保険についての
正しい知識を伝道したいと思った。
(外資系生命保険会社勤務の生保レディ)

元&現役生保レディに捧ぐ!

発行 古書みつけ
〒111-0052
東京都台東区柳橋1-6-10 1階
https://kosho-mitsuke.com/

発売 日販アイ・ピー・エス株式会社
〒113-0034
東京都文京区湯島1-3-4
☎03-5802-1859

古書みつけ宣言

絶望に効く生き方

声なき声に耳を澄ませば……

古書みつけは、可視化されにくい**“声なき声”**を発信する手段として、出版事業を開始いたします。日々押し寄せる**同調圧力**の波、横行する各種**ハラスメント**、広がり続ける**格差社会**、生きづらさを感じることが多い現代には、至るところに**“絶望”**が転がっています。助けを求めようにも、声を発すること自体にハードルの高さを感じてしまいがちです。

ソーシャルメディアの流行が、そんな弱者の声を「**#MeToo**」へと進化させ、弱き立場の人たちを救うことに成功する例も出てきてはいますが、一方で、地球規模でのデジタル化が、人間関係における様々な弊害を生み出していることも事実です。

「**日ごろ、光の当たらない職業人や、弱者の声なき声に耳を傾けたい**」。その想いを結実させるために、私たちは「**本**」を選びました。「**一冊の本が人生を変える**」と言われるように、本には、**魔法**のような力があると信じています。

仕事や生活で苦しい経験をしたことがある、一般に知られていない職に就いたことがある、自分だからこそ得られた知見・体験を伝えたい、無名の著者が描く**“人生の舞台裏”**は、多くのサイレント・マジョリティの共感を呼び、**“どこかの誰かの何か”**を変えるきっかけにつながると信じ、シリーズ創刊を決めました。

古書みつけの目的は、著者と同じように虐げられる人たちに、自分の叫びを聞いてもらいたい人たちに、目の前の現実に**“絶望”**する人たちに、前を向いて歩いていくための**“希望”**を届けることです。未知との遭遇を楽しむだけでなく、自らを奮い立たせるための“サプリ”にもなり得る**“知のかたち”**を、シリーズとしてまとめていきたいと思います。

偉大な脚本家・新藤兼人は言いました。「**誰でも脚本家になれる。それは自分のことを書けばいい。誰よりリアリティーがある作品、傑作が書ける。**」

静かなる大衆がおくる**“絶望に効く生き方”**、傑作の人生（本）を紡ぎます。

2023年11月
古書みつけ代表　伊勢　新九朗